CHRISTOPH PERELS

ZWISCHEN KUNST UND WISSENSCHAFT. GOETHE UND LINNÉ

T0119177

SITZUNGSBERICHTE DER WISSENSCHAFTLICHEN GESELLSCHAFT
AN DER JOHANN WOLFGANG GOETHE-UNIVERSITÄT
FRANKFURT AM MAIN

BAND LVIII, NR. 1

Wissenschaftliche Gesellschaft an der Johann Wolfgang Goethe-Universität
Frankfurt am Main

in Kommission bei
FRANZ STEINER VERLAG STUTTGART
2021

ZWISCHEN KUNST UND WISSENSCHAFT GOETHE UND LINNÉ

VON
CHRISTOPH PERELS

Wissenschaftliche Gesellschaft an der Johann Wolfgang Goethe-Universität
Frankfurt am Main

in Kommission bei
FRANZ STEINER VERLAG STUTTGART
2021

Der Beitrag „Zwischen Kunst und Wissenschaft. Goethe und Linné" wurde vorgetragen anlässlich der Sitzung der Wissenschaftlichen Gesellschaft am 5. Dezember 2020.

Bibliographische Information der Deutschen Nationalbibliothek.
Die Deutsche Nationalbibliothek verzeichnet diese Publikation in der Deutschen Nationalbibliographie; detaillierte bibliographische Daten sind im Internet über http://dnb.d-nb.de abrufbar.
ISBN: 978-3-515-13126-1

Jede Verwertung des Werkes außerhalb der Grenzen des Urheberrechtsgesetzes ist unzulässig und strafbar. Dies gilt insbesondere für Übersetzung, Nachdruck, Mikroverfilmung oder vergleichbare Verfahren sowie für Speicherung in Datenverarbeitungsanlagen.
© 2021 Franz Steiner Verlag Stuttgart. Satz und Druck: Bonifatius GmbH Druck – Buch – Verlag.
Printed in Germany

ZWISCHEN KUNST UND WISSENSCHAFT
GOETHE UND LINNÉ

Christoph Perels

I

Am 7. November 1816 schreibt Goethe an den Berliner Freund Carl Friedrich Zelter: „Diese Tage hab' ich wieder Linné gelesen und bin über diesen außerordentlichen Mann erschrocken. Ich habe unendlich viel von ihm gelernt, nur nicht Botanik. Außer Shakespeare und Spinoza wüßt ich nicht, daß irgend ein Abgeschiedener eine solche Wirkung auf mich getan."[1] In derselben Lebensepoche stellt Goethe für sich fest: „daß es ein großer Vortheil sei, wenn wir bei'm Eintreten in ein für uns neues wissenschaftliches Fach, es in einer Krise und einen außerordentlichen Mann beschäftigt finden, hier das Vortheilhafte durchzuführen. (…) unsre Anfänge treffen in eine neue Epoche, und wir werden in die Masse der Bestrebsamen wie in ein Element aufgenommen, das uns trägt und fördert. – Und so ward ich mit meinen übrigen Zeitgenossen Linné's gewahr, seiner Umsicht, seiner alles hinreißenden Wirksamkeit."[2]

Während Shakespeare und Spinoza mit ihrer Bedeutung für Goethe schon seit langer Zeit die Aufmerksamkeit der Literaturwissenschaft gefunden haben,[3] blieb Linné im Hintergrund. Jetzt, nachdem die Leopoldina-Ausgabe von Goethes Schriften zur Naturwissenschaft (LA) abgeschlossen vorliegt und vor allem auch sämtliche Notizen Goethes zu seinen botanischen Überlegungen von

---

1 Briefwechsel zwischen Goethe und Zelter in den Jahren 1799 bis 1832. Hg. von Hans-Günter Ottenberg und Edith Zehm in Zusammenarbeit mit Anita Golz, Jürgen Gruß, Wolfgang Ritschel und Sabine Schäfer. München 1991, S. 468. (= Johann Wolfgang Goethe: Sämtliche Werke nach Epochen seines Schaffens. Münchner Ausgabe, hg. von Karl Richter in Zusammenarbeit mit Herbert G. Göpfert, Norbert Miller, Gerhard Sauder und Edith Zehm, Bd. 20.1).
2 Goethe, Weimarer Ausgabe (WA) II, 6, S. 115. Der Verfasser theilt die Geschichte seiner botanischen Studien mit. Vgl. auch LA Bd. 9, S. 16; LA Bd. 10, S. 330.
3 Vgl. zuletzt den konzisen Überblick von Roger Paulin: The Critical Reception of Shakespeare in Germany 1682–1820. Native Literature and Foreign Genius. Hildesheim 2003; zu Goethe und Spinoza: Spinoza and German Idealism. Edited by Eckart Förster and Yitzhak Y. Melamed. Cambridge 2012.

Dorothea Kuhn sorgfältig ediert und kommentiert sind,[4] ist der Augenblick gekommen, Goethes Bemerkung gegenüber Zelter auf ihre Tragweite zu befragen.

In der ersten Hälfte des 18. Jahrhunderts nahmen die empirischen Wissenschaften, nahm nicht zuletzt die Botanik einen mächtigen Aufschwung. Sie emanzipierte sich von der Medizin, der sie bis dahin als eine Hilfswissenschaft gedient hatte, und wurde immer mehr um ihrer selbst willen betrieben. Entging sie so der teleologischen Betrachtungsweise, welche die Pflanzen nach pharmazeutischen Gesichtspunkten beurteilte, so blieb sie doch immer noch der Theologie verpflichtet, und in Linnés Gesamtwerk gibt es eine Anzahl von Hymnen an den Schöpfer und die Schöpfung. Die Bibel und insbesondere die Schöpfungsgeschichte genossen eine Autorität, hinter die man nicht zurückkam und auch nicht zurückkommen wollte. Gott hat die *Genera* und die *Spezies* geschaffen, einen Teil der großen Schöpfungsordnung im Ganzen.[5] In ihrem Licht waren die Daten, welche die empirischen Wissenschaften erhoben, zu ordnen und zu deuten.

Die Menge dieser Daten nahm zwischen den Botanikern Tournefort und Plumier, Boerhaave, Haller und Linné, Banks, Solander und den drei Generationen der Botanikerfamilie Jussieu beständig zu, und in dieser noch unendlich zu vermehrenden Reihe nimmt auch Goethe einen unter den Zeitgenossen und bis ins 19. Jahrhundert, bis zu Charles Darwin, geachteten Platz ein.

Der Erkenntnisgewinn der Botanik blieb freilich noch eine ganze Zeitlang umstrittten. In seiner sowohl wissenschaftsgeschichtlich als auch autobiographisch aufschlussreichen Schrift ‚Der Verfasser theilt die Geschichte seiner botanischen Studien mit‘ schreibt Goethe: „Wir mußten öfters hören: die ganze Botanik, deren Studium wir so emsig verfolgten, sei nichts weiter als eine Nomenclatur, und ein ganzes auf Zahlen, und das nicht einmal durchaus, gegründetes System; sie könne weder dem Verstand noch der Einbildungskraft genügen, und niemand werde darin irgend eine auslangende Folge zu finden wissen."[6] Diesen vor allem gegen das um 1770 dominierende Paradigma, nämlich das Linnésche, gerichteten Einwand nimmt Goethe 1790 in seiner Schrift ‚Versuch die Metamorphose der Pflanzen zu erklären‘ auf, und zwar in § 37: hatten die Kritiker in der Botanik nur die Zahlenverhältnisse etwa der Staubfäden und

---

4   Goethe: Die Schriften zur Naturwissenschaft. Leopoldina-Ausgabe. 1. Abt. Bd. 1 bis 3. Abt. Bd. 2 (2014 noch in Bearbeitung). Hg. von Wolf von Engelhardt, Dorothea Kuhn u. a. Weimar 1947ff. Einschlägig sind die Bände I, 8 bis I, 11 sowie II, 9 A bis II, 10 B, die Dorothea Kuhn bearbeitet hat.

5   Vgl. Liber Sapientiae, Cap. XI, Versus 21: „Sed omnia in mensura, et numero, et pondere disposuisti." Biblia Sacra Vulgatae Editionis. Nova Editio Parisiis apud Garnier Fratres, Bibliopolas (1868), S. 649. Luther: „Denn du hast alles geordnet mit Maß, Zahl und Gewicht." Ed. Hans Volz Bd. 2, 1972, S. 1717. Der Reduktionismus und die Systematisierung der Beschreibungssprache Linnés, die Foucault festgestellt hat, finden in Bibelstellen wie der zitierten ihre theologische Beglaubigung. Vgl. Michel Foucault: Les mots et les choses. Une archéologie des sciences humaines. Paris 1966, bes. S. 142.

6   WA II, 6, S. 107f. Vgl. LA Bd. 10, S. 325.

Pistillen und allenfalls noch die Beschreibungssprache wie etwa die von Linné entwickelte zweigliedrige Taxonomie im Focus, so führt Goethe darüber hinaus und dagegen die in der Botanik wie in anderen Naturwissenschaften zu beobachtenden Gesetzmäßigkeiten an und weist ihr damit einen Platz in der aristotelischen Tradition zu: *De singularibus non est scientia.*

„Bei vielen Pflanzen ist die Zahl und die Gestalt, in welcher die Kelchblätter, entweder einzeln oder zusammengewachsen, um die Axe des Stiels gereihet werden, beständig, so wie die übrigen folgenden Theile. Auf dieser Beständigkeit beruhet größtentheils das Wachsthum, die Sicherheit, die Ehre der botanischen Wissenschaft, welche wir in diesen letzten Zeiten immer mehr haben zunehmen sehn. Bei andern Pflanzen ist die Anzahl und Bildung dieser Theile nicht gleich beständig; aber auch dieser Umstand hat die scharfe Beobachtungsgabe der Meister dieser Wissenschaft nicht hintergehen können, sondern sie haben durch genaue Bestimmungen auch diese Abweichungen der Natur gleichsam in einen engern Kreis einzuschließen gesucht."[7]

Die „Ehre der botanischen Wissenschaft" beruht für Goethe, wie die „Ehre" aller Wissenschaften, in ihrem Vermögen, allgemeine Gesetzmäßigkeiten mit einer geringen, genau anzugebenden Varietätenbreite aufzufinden.

Aber es gab ernstere Kritik an Linné und seinem botanischen System als allein die Einwände gegen die Nomenklatur. Eine von ihnen kam von George de Buffon, und sie hat Goethe zweifellos in seinen Bedenken bestärkt. Ernst Cassirer hat sie so zusammengefasst, dass es fast so klingt, als habe Goethe selbst sie verfasst: Wir erfassen die „Einheit" der Natur nicht, „wenn wir sie nach Klassen abzusondern und nach Arten einzuteilen versuchen. Denn alle solche Klassifikationen geben immer nur ein System der Nomenklatur, nicht ein System der Natur. Sie mögen nützlich, ja unentbehrlich sein, um uns einen Überblick über die Tatsachen zu verschaffen, aber nichts ist gefährlicher, als wenn man diese bloßen Zeichen mit dem Bezeichneten selbst verwechselt, wenn man die bloßen Nominal-Definitionen zu Real-Definitionen macht und von ihnen irgend eine Erklärung über das ‚Wesen' der Dinge erwartet. An dieser Klippe ist nach Buffon auch *Linnés* ‚Philosophie der Botanik' gescheitert. (…) Wir müssen statt auf analytische Sonderung vielmehr auf *Verknüpfung* ausgehen; wir müssen die Lebewesen, statt sie bestimmten scharf geschiedenen Arten zuzuweisen, in ihrer Verwandtschaft, in ihrem Übergang, in ihrer Entwicklung und Umbildung kennen lernen. (…) Da die Natur von einer Art zur andern und oft von einer Gattung zur andern durch unmerkliche Unterschiede fortschreitet, derartig, daß sich eine große Zahl von Mittelstufen findet, die halb dieser, halb jener Gattung anzugehören scheinen, so bleibt nichts übrig, als daß der Gedanke all diesen feinen und zarten Übergängen folgt."[8]

---

7 WA II, 6, S. 43f. Vgl. auch LA Bd. 9, S. 37 (LA liest anstatt „Umstand" „Unbestand").
8 Ernst Cassirer: Die Philosophie der Aufklärung. Tübingen: Mohr (Paul Siebeck) 1932 (Grundriß der philosophischen Wissenschaften, hg. von Fritz Medicus), S. 104f.

Buffon steht mit seiner Kritik in einer Tradition der Botanik-Forschung in Frankreich, der Goethe nahekommt[9] und die Anregungen von Seiten Linnés zwar gern aufnahm, ihm jedoch in der strikten Abgrenzung von Gattungen und Arten nicht folgte. Auch Antoine-Laurent de Jussieu gehört in diese französische Tradition, ebenso wie Jean-Jacques Rousseau, dessen ‚Lettres élementaires sur la Botanique' Goethe 1782 kennengelernt und mit entschiedener Zustimmung aufgenommen hatte.[10] Freilich wusste Linné auch selbst, dass sein künstliches System nur ein Stellvertreter für ein noch zu entwickelndes natürliches System sei; der Satz „Natura non facit saltus" findet sich auch bei ihm in seiner ‚Philosophia botanica' (S. 27). Schon im ‚Systema Naturae' gibt es die folgende Überlegung: „Bislang ist noch kein natürliches System der Pflanzen konstruiert worden, wenn sich auch das eine oder andere ihm genähert hat, und auch ich beanspruche nicht, ein natürliches System anzustreben (Fragmente dazu habe ich in meinem Werk *Classes Plantarum* gegeben); auch kann kein natürliches System konstruiert werden, bevor alles, was zu unserm System gehört, wirklich bekannt ist: bis dahin aber sind künstliche Systeme, mangels eines natürlichen Systems, absolut notwendig."[11]

Kurz vor Goethe, aber vielleicht ohne dass es ihm zur Kenntnis gelangt wäre, hatte ein bedeutender Botaniker der Generation nach Linné, der erwähnte Antoine-Laurent de Jussieu (1748 bis 1836), mit einem ähnlichen Argument wie der deutsche Dichter und Botaniker „das Fundament der botanischen Wissenschaft" festgestellt: „Die natürliche Spezies aber, genau umschrieben mit einer sicheren Definition, stellt das wahre Fundament der botanischen Wissenschaft dar, sie ist darin zutiefst verankert, so dass sie alle Spezies klar unterscheidet, vornehmlich ihr allgemeines Merkmal wahrnimmt, ihre sie verbindende Verwandtschaft zusammenträgt, indem sie das Abweichende abtrennt, und aus spezifischer Kenntnis und allgemeinem Vergleich sich ein integrales Wissen

---

9   Vgl. WA II, 6, S. 109: „Diese naturgemäße Methode, (…), bei welcher französische Botaniker beharren". Vgl. auch LA Bd. 9, S. 19.
10 Vgl. den Brief an Herzog Carl August vom 16. Juni 1782 WA IV, Bd. 5, 347f.
11 Carolus Linnaeus: Systema naturae. 6. Aufl. Stockholm 1748, S. 216 (Unter ‚Observationes in Regnum vegetabile', Ziffer 12): „Nullum Systema Plantarum Naturale, licet unum vel alterum propius accedat, adhucdum constructum est, nec ego heic Systema quoddam Naturale contendo (Fragmenta eius in *Classibus plantarum* dedi); neque Naturale construi potuit antequam omnia, ad nostrum Systema pertinentia, notissima sint. Interim tamen Systemata artificialia, defectu Naturalis, omnino necessaria sunt." Auf diesen Passus hat bereits Foucault hingewiesen: Michel Foucault, Les mots et les choses. Une archéologie des sciences humaines. A. a. O. S. 153.

der gesamten Natur und ihrer Zusammenhänge erwirbt.“[12] – Goethe besaß die
Zürcher Ausgabe von Jussieus ‚Genera Plantarum‘ von 1791; ob er auch die
Erstausgabe von 1789 eingesehen hat, ist nicht sicher. Allerdings hat er zu Beginn der neunziger Jahre Jussieus Werk gründlich studiert, zahlreiche Exzerpte
angefertigt und sogar versucht, Jussieus Klassen und Ordnungen in Merkverse
in Hexametern zu gießen.[13]

Neben der Buffonschen Kritik, die Goethe als Wissenschaftler teilt, gibt es
bei ihm noch einen zweiten Kritikpunkt an der Nomenklatur Linnés, und dieser
Kritikpunkt kennzeichnet den Dichter Goethe: „Soll ich nun über jene Zustände
mit Bewußtsein deutlich werden, so denke man mich als einen gebornen Dichter, der seine Worte, seine Ausdrücke unmittelbar an den jedesmaligen Gegenständen zu bilden trachtet, um ihnen einigermaßen genug zu thun. Ein solcher
sollte nun eine fertige Terminologie in’s Gedächtniß aufnehmen, eine gewisse
Anzahl Wörter und Beiwörter bereit haben, damit er, wenn ihm irgend eine
Gestalt vorkäme, eine geschickte Auswahl treffend, sie zu charakteristischer
Bezeichnung anzuwenden und zu ordnen wisse. Dergleichen Behandlung erschien mir immer als eine Art von Mosaik, wo man einen fertigen Stift neben
den andern setzt, um aus tausend Einzelnheiten endlich den Schein eines Bildes
hervorzubringen; und so war mir die Forderung in diesem Sinne gewissermaßen
widerlich. – Sah ich nun aber auch die Nothwendigkeit dieses Verfahrens ein,
welche dahin zweckte, sich durch Worte, nach allgemeiner Übereinkunft, über
gewisse äußerliche Vorkommenheiten der Pflanzen zu verständigen, und alle
schwer zu leistende und oft unsichre Pflanzenabbildungen entbehren zu können,
so fand ich doch bei der versuchten genauen Anwendung die Hauptschwierig-
keit in der Versatilität der Organe.“[14]

Es ist interessant zu bemerken, dass Goethe hier das dichterische Sprechen
gegen die wissenschaftsorientierte Sprache Linnés, gegen die botanische Fach-

---

12 Antoine-Laurent de Jussieu: Genera Plantarum secundum ordines naturales disposita (…) re-
    cendi curavit notisque auxit Paulus Usteri (…) Turici Helvetorum (…) 1791 (die Erstausgabe
    von Jussieus Werk erschien 1789 in Paris), S. XXVIII, in der Marginalspalte: „Nativa autem
    species, accurata definitione certo circumscripta, verum stat fundamentum scientiae botanicae
    quae in id penitus incumbit, ut omnes plane dignoscat species, universalem earum caracterem
    apprime calleat, eas invicem conferat affines connectens & discrepantes segregans, & ex spe-
    ciali cognitione ac collatione generali integram omnium naturae atque cohaerentiae notitiam
    consequatur.“ Der Text wortgleich auch in der Erstausgabe, dort im laufenden Text S. XIX.
13 „Zum bequemen Gedächtnis der 15 natürlichen Klassen/ Wie sie uns Jussieu gibt, versucht ich
    folgende Verse.“ Etc. In: Johann Wolfgang Goethe, Gedichte 1756–1799. Hg. von Karl Eibl.
    Frankfurt am Main 1987, S. 699.
14 WA II, 6, S. 116. Vgl. LA Bd. 10, S. 331.

sprache[15] ausspielt, genau so wie er in dem Essay über Blumenmalerei die Erfordernisse der Kunst gegenüber den wissenschaftlichen Illustrationen verteidigt.[16]

II

Im Spätsommer 1786 bricht Goethe von Karlsbad auf nach Italien. Oben auf dem Brenner schreibt er eine Reihe von Beobachtungen nieder, die er auf der Reise gemacht hat, und kommt auch auf die nach Gattungen und Arten dritte wichtige Unterscheidung in der Botanik zu sprechen: die *Varietäten*. „Die Pflanzen betreffend fühl' ich noch sehr meine Schülerschaft. Bis München glaubt' ich wirklich nur die gewöhnlichen zu sehen. Freilich war meine eilige Tag- und Nachtfahrt solchen feinern Beobachtungen nicht günstig. Nun habe ich zwar meinen Linné bei mir und seine Terminologie wohl eingeprägt, wo soll aber Zeit und Ruhe zum Analysiren herkommen, das ohnehin, wenn ich mich recht kenne, meine Stärke niemals werden kann? Daher schärf' ich mein Auge auf's Allgemeine, und als ich am Walchensee die erste Gentiana sah, fiel mir auf, daß ich auch bisher zuerst am Wasser die neuen Pflanzen fand. – Was mich noch aufmerksamer machte, war der Einfluß, den die Gebirgshöhe auf die Pflanzen zu haben schien. Nicht nur neue Pflanzen fand ich da, sondern Wachsthum der alten verändert; wenn in der tiefern Gegend Zweige und Stengel stärker und mastiger waren, die Augen näher an einander standen und die Blätter breit waren, so wurden höher in's Gebirg hinauf Zweige und Stengel zarter, die Augen rückten aus einander, so daß von Knoten zu Knoten ein größerer Zwischenraum statt fand, und die Blätter sich lanzenförmiger bildeten. Ich bemerkte dies bei einer Weide und einer Gentiana und überzeugte mich, daß es nicht etwa verschiedene Arten wären. Auch am Walchensee bemerkte ich längere und schlankere Binsen als im Unterlande."[17]

Goethe folgt hier Spuren, die Linné dreißig Jahre zuvor gelegt hatte. In seiner ‚Philosophia botanica' heißt es noch lakonisch: „Varietates sunt plantae eiusdem speciei, mutatae a caussa quacumque occasionali."[18] Solche gelegentlichen Umstände sind etwa Klimaverhältnisse, Bodenbeschaffenheit, Höhenlagen und ähnliche. Ausführlicher spricht Linné in den Kapiteln 3 und 4 seiner Schrift

15 Vgl. dazu Uwe Pörksen: Wissenschaftssprache und Sprachauffassung bei Linné und Goethe. In: Uwe Pörksen, Deutsche Naturwissenschaftssprachen. Historische und kritische Studien. Tübingen 1986, S. 72–96. Ferner: Walther von Hahn: Fachsprachen. In: Hans Peter Althaus, Helmut Henne, Herbert Ernst Wiegand, Hg.: Lexikon der germanistischen Linguistik Bd. 2. Studienausgabe. Tübingen 1973, S. 283–286.

16 WA I, 49.1, S. 377–384. – Vgl. hierzu das klassische Werk von William T. Stearn: The Art of Botanical Illustration. London 1950.

17 WA I, 30, S. 21f.

18 S. 239. „Varietäten sind Pflanzen derselben Art, auf Grund gelegentlicher <äußerer> Umstände verändert."

‚Dissertatio Botanica Metamorphoses Plantarum sistens, quam consent. Experientiss. Facultate Medica (…) subjicit Nicolaus E. Dahlberg, Stockholm 1755' über Varietäten, die er unter dem Sammelbegriff „Metamorphose" hier neben den verschiedensten an Pflanzen zu beobachtenden Veränderungen einreiht. Goethe hat diese Abhandlung gründlich studiert und exzerpiert, er hatte sogar vor, ihr eine eigene Rezension zu widmen.[19] Im dritten Kapitel seiner Abhandlung schreibt Linné: „Der zweite Teil der Metamorphose und der Transmutation der Pflanzen handelt davon, was vorgeht, wenn sie [sc. die Pflanzen] ihre Gestalt verändern, und umfaßt den Teil der Botanik, der unter dem Begriff *Varietäten* behandelt wird. Diese <Formveränderungen> vollziehen sich teils an der gesamten Pflanze, teils am fruchttreibenden Teil. Die Blätter verändern sich bei Pflanzen auf Bergen und auf Hügeln sowie an trockenen Plätzen, wo die oberen <Blätter> stärker gespalten werden, wie man es an der Pimpinella [Bibernelle] erkennen kann, und umgekehrt bei Wasserpflanzen, wo die unteren Blätter, die unter dem Wasser bleiben, stärker zerschnitten sind, so dass sie ihr Mark [Parenchyma] verlieren und ihre Verzweigungen und Geäder so weit aufgeben, dass eine große Differenzierung unter den Pflanzen stattfindet, so dass viele geglaubt haben, sie seien verschiedene <Pflanzen>; sie sind aber dennoch von derselben Spezies, wovon erhellende Beispiele im Flutenden Hahnenfuß und in der Rauke [in Ranunculo aquatico et Sisumbrio amphibio] gegeben sind. – Indessen machen die Menge von Wasser und Säften die Blätter der Pflanzen glatter, während im Gegenteil Trockenheit und Wärme sie rauher machen, wie wir es an *Polygono amphibio* [Wasserknöterich] sehen, der auch für zwei verschiedene Spezies gehalten worden ist, während es sich in Wahrheit nur um eine handelt. Jene Metamorphose, die der Edle von Haller [i. e. Albrecht von Haller, 1708 bis 1777] am *Ranunculus bulbosus* [Knolligen Hahnenfuß], der gewöhnlich auf unseren Anhöhen wächst, beobachtet hat, und der sich in einen Ranunculus repens verwandelt, wenn er in hinreichend lockeren, feuchten Boden gelangt, ist ein Anzeichen dafür, worin der Grund lag, warum alle Botaniker ihn früher für verschiedene Arten gehalten haben, während es sich nur um eine Metamorphose

---

19 In einer späteren Notiz Goethes zu § 100 seiner eigenen Metamorphose-Schrift, vgl. WA II, 6, S. 451: „Die Zapfen der Nadelhölzer. NB. Zapfen der Lerchen-Bäume durch die der Zweig durch und weiter wächst. – Hier wäre Linnés **Diss. de Metamorphosi plantarum** zu recensiren und zu zeigen, wie er in dieser früheren Diss. auf dem rechten Wege gewandelt, den er nachher verlassen." Goethes Beobachtung an der Lärche wäre, wenn sie richtig wäre, eine schöne Bestätigung der „unregelmäßigen Metamorphose".

auf Grund des Standorts gehandelt hat."[20] Wegen so irrtümlicher Bestimmungen habe die Botanik früher viel mehr Arten gekannt, als es in Wahrheit gibt.

Goethe, der das Blatt und die konsequente Folge seiner Veränderungen zur Grundlage seiner Metamorphosen-Lehre macht, nimmt in seiner Abhandlung von 1790 auf diesen Passus Linnés Bezug, wenn er schreibt: „Wenn Blätter vieler Pflanzen, die unter dem Wasser wachsen, fadenförmig sind oder die Gestalt von Geweihen annehmen, so sind wir geneigt, es dem Mangel einer vollkommenen Anastomose[21] zuzuschreiben. Augenscheinlich belehrt uns hiervon das Wachsthum des *Ranunculus aquaticus* [Flutender Hahnenfuß], dessen unter dem Wasser erzeugte Blätter aus fadenförmigen Rippen bestehen, die oberhalb des Wassers entwickelten aber völlig anastomosirt und zu einer zusammenhängenden Fläche ausgebildet sind."[22] Auch wenn Goethe den Terminus ‚Varietät' hier nicht gebraucht, so liegt doch auf der Hand, dass er mit Linnés Unterscheidung von Arten und Varietäten einverstanden ist, mag sie für seine eigene Metamorphosen-Lehre auch irrelevant bleiben.

III

Ganz und gar nicht einverstanden ist er mit dem, was Linné zu den Monstrosen sagt. Der schwedische Gelehrte fasst die monstrosen Pflanzen als „luxuriantes flores", als üppig blühende Gewächse zusammen und unterteilt sie sodann in

---

20 A. a. O. S. 16: „Metamorphoseos et transmutationis plantarum altera pars est, qua fit cum difformentur, et partem illam Botanices comprehendit, quae *varietates* tractat. Hae vero, partim in ipsa herba, partim in fructificatione consistunt. Folia in plantis *montanis* ut in collibus et aridis locis immutantur, ut superiora magis fissa fiant, ut videri potest in Pimpinella; & contra in plantis *aquaticis*, folia inferiora, quae sub aqua latent, magis dissecantur, ita ut parenchyma suum relinquant, & ramificationes vasaque sua tantummodo retineant, quo fit magna in plantis differentia, ut multi crediderint eas esse distinctas, quae tamen ex eadem specie sunt, cuius elucida exempla in *Ranunculo aquatico* & *Sisumbrio amphibio*, dantur. Immo aquae & succi quantitas, vegetabilium folia laeviora, dum e contrario siccitas & caliditas magis hirsutia faciunt, ut videmus in *Polygono amphibio*, quod etiam pro duabus speciebus habitum est, licet re ipsa una sit. Metamorphosis illa, quam Nob. v. Haller iam pridem in *Ranunculo bulboso*, qui communiter in collibus nostris crescit, observavit, quod in Ranunculum repentem mutetur, cum in humum magis solutam venit, insignis est, qua etiam in caussa fuit, cur omnes Botanici antea habuissent illum pro distinctis speciebus, cum tantummodo fuit metamorphosis quaedam in loco." – Die Hahnenfußgewächse bilden überhaupt ein Leitelement in der Botanik des 18. Jahrhunderts. Außer bei Linné, Haller und Goethe sind sie auch bei Antoine-Laurent de Jussieu das Beispiel für sein natürliches System der Pflanzenfamilien. Vgl. ders., Examen de la Famille des Renoncules. In: Histoire de l'Académie Royale des Sciences. Année 1773. Paris 1777, S. 214–240.

21 Dorothea Kuhn in der Hamburger Goethe-Ausgabe, Bd. 13, 3. Aufl. Hamburg 1960, S. 575 kommentiert: „Zusammenfließen fädiger Gebilde." Vgl. auch Goethe Wörterbuch Bd. 1, 1978, Sp. 469.

22 WA II, 6, S. 36 (§ 25).

„flores multiplicati", „flores pleni" und „flores proliferi"; entstanden sind sie durch besondere Pflege und übermäßige Düngung, es ist Menschenhand, welche die Natur veranlasst, Monstrosen zu entwickeln. Ihr Ursprung sind einfache Pflanzen oder Blüten, zu denen sie auch zurückkehren, wenn sie sich durch Ableger oder auf andere Weise vermehren. Ein entscheidendes Merkmal von Monstrosen ist es nach Linné, dass sie defekte oder gar keine Geschlechtspartien, insbesondere keine Samenständer ausbilden. Linné parallelisiert sie mit Missgeburten in der Tierwelt, die man nicht als eigene Arten verzeichne, folglich seien auch monstrose Pflanzen nicht als eigene Arten oder Varietäten zu betrachten.[23] Zusammenfassend heißt es in der ‚Philosophia Botanica': „Alle monstrosen Blüten und Pflanzen nehmen ihren Ursprung von natürlichen Pflanzen. Vervielfältigte, gefüllte und durchgewachsene Blüten haben wir monströs genannt, die aus einfachen hervorgegangen sind. – Wir unterscheiden durch die Kunst des Schöpfers unterschiedene Arten von Varietäten der spielenden Natur. Diese Monstra entstehen sehr häufig bei übermäßiger Pflege und zu viel Düngung. – Monstra in der Tierwelt hat niemals jemand bei den verschiedenen Arten eingeordnet, also werden auch die Pflanzen so nicht eingeordnet. – Es mögen vertrieben sein aus der Botanik übergroße Blüten, vervielfältigte, gefüllte, durchgewachsene, und verbannt werde die zahlreiche Schar, welche die Botanik lange Zeit belastet hat."[24]

Einen besonderen Fall stellt das Antirrhinum mit radiärsymmetrischer Blüte dar, Linnés bekannte Peloria.[25] Das Rätsel, das diese Pflanze den Botanikern des 18. Jahrhunderts aufgab, vermochte erst die Biochemie, die Genforschung des 20. Jahrhunderts, aufzulösen: die veränderte Blütenform kommt durch Mutation zustande, und zwar durch eine erbliche. Zur Zeit Linnés bedeutete es keineswegs nur die Entdeckung einer bisher unbekannten Pflanze, sondern einen Einbruch in das epistemische Rahmenwerk der Botanik des 18. Jahrhunderts – das hierarchische System von Gott geschaffener unveränderlicher Gattungen

---

23 Vgl. Karl von Linné: Philosophia Botanica in qua explicantur Fundamenta Botanica cum Definitionibus Partium, Exemplis Terminorum, Observationibus rariorum, Adjectis Figuris Aeneis. Stockholm 1751, S. 95: „§150. LUXURIANTES Flores nulli Naturales, sed omnes *Monstra* sunt. *Pleni* enim Eunuchi evaserunt, adeoque semper abortiunt; *Multiplicati* non aeque; *Proliferi* monstrosorum augent deformationem. – Flos perfecte plenus nullus propagatur seminibus."

24 Philosophia Botanica, S. 215: „MONSTROSI FLORES & Plantae a Naturalibus originem omnes trahunt. – Flores Multiplicatos, Plenos & Proliferos diximus esse monstrosos & ortos a simplicibus. – Distinguimus Creatoris artificio distinctas species a Naturae ludentis varietatibus. – Fiunt haec monstra frequentissime a culturae mangonio & nimio alimento. – Monstra animalium nullus pro distinctis speciebus unquam sumsit, ergo nec plantae sumantur. – Demantur e Botanica Flores majores, multiplicati, pleni, proliferi, & exulabit numerosa Grex, quae Botanicen diu oneravit."

25 Dissertatio Botanica de Peloria (...) curiosorum oculis modeste sujicit Daniel Rudberg. Upsala 1744. Die Schrift ist von Linné, es war aber Gepflogenheit der Universität Upsala, solche Dissertationes durch Studierende vortragen zu lassen.

und Arten sowie den Varietäten der spielenden Natur.[26] Im Jahr 1742 erhielt der damals schon ziemlich angesehene Professor der Medizin und Botanik an der Universität Upsala von dem Studenten M. Ziöberg eine Pflanze aus der schwedischen Region Roslagen, die für ihn eine Herausforderung darstellte. Denn ausser dass sie sich den Kriterien, nach denen Linné Gattungen und Arten samt ihren Varietäten zu bestimmen pflegte, entzog, erfüllte sie auch die bis dahin festgestellten Charakteristika von Monstrosen nicht, vor allem vermehrte sie sich durch Samen. Die seinerzeit bekannten Arten des Löwenmäulchens oder Antirrhinums, mit denen das neu aufgefundene Gewächs gewisse Ähnlichkeiten zeigte und auch zusammen wild wuchs, wichen doch in der Blütenform entschieden ab: sie trugen sämtlich zygomorphe Blüten, die neue Pflanze, wie gesagt, radiärsymmetrische. Und die Blüte war bei Linné wie schon in der Botanikergeneration vor ihm bei Joseph Pitton de Tournefort (1656 bis 1708)[27] die Grundlage für die Pflanzenbestimmung. Die neue Pflanze gehörte nicht, wie die übrigen Löwenmäulchen, in die Ordnung der Lippenblütengewächse. Linné gab ihr den Namen *Peloria,* aus dem Griechischen entlehnt, er bedeutet so viel wie Wunder- oder auch Monsterblume. Goethe hat sich 1817 zu dieser Namensgebung differenziert und zustimmend geäußert, und zwar im Zusammenhang mit einer Reflexion über die gleitende Übergängigkeit von Normalem und Abnormem: „Die Natur überschreitet die Gränze, die sie sich selbst gesetzt hat, aber sie erreicht dadurch eine andere Vollkommenheit, deßwegen wir wohlthun, uns hier so spät als möglich negativer Ausdrücke zu bedienen. Die Alten sagten τεϱας, prodigium, monstrum, ein Wunderzeichen, bedeutungsvoll, aller Aufmerksamkeit werth; und in diesem Sinne hat Linné seine *Peloria* sehr glücklich bezeichnet."[28] Goethe dürfte besonders zugesagt haben, dass ‚Peloria' keinerlei peiorativen Beiklang mit sich führt. Offenbar hat Linné zunächst geschwankt, wie er mit der Peloria umgehen und sie einordnen sollte. Zu ihrem Erscheinungsbild formuliert er erstaunt: „Dies ist gewiss kein kleineres Wunder, als wenn eine Kuh ein Kalb mit dem Kopf eines Wolfs zur Welt brächte."[29] Dies ist ein Bild, wie es der Gelehrte in der Regel für monstrose Pflanzen bereit hält. Ein Vergleich der Peloria mit Arten aus der Gattung der Linaria, der Leinkräuter oder Lippenblütengewächse, überzeugt Linné jedoch davon, dass es sich um eine neue Pflanzengattung handeln müsse: „Aus dem gegebenen Gattungsmerkmal erhellt, dass unsere Peloria zu keiner bisher bekannten Gattung gestellt

---

26 Eine zum Vergleich heranzuziehende Beobachtung macht Goethe später bei den Robben. Die starre Festlegung der Gattungen und Arten beginnt zu wanken, und mehr und mehr dringt eine geschichtliche Dimension in die Naturwissenschaft ein. Vgl. Goethe, Versuch einer allgemeinen Vergleichungslehre. WA II, 7, S. 217–224.

27 Vgl. Joseph Pitton de Tournefort: Institutiones Rei herbariae. 3. Aufl. Hg. von Antoine Jussieu. Paris 1719, S. 1, unpag.

28 Johann Wolfgang Goethe: WA II, 6, S. 174 ‚Zur Morphologie. Verfolg, Nacharbeiten und Sammlungen'.

29 Wie Anm. 25, S. 14: „Hoc certe non minus prodigium est, quam si vitulum, capite lupino praeditum, vacca pareret."

werden kann"[30], dass sie „vielmehr eine neue Gattung konstituiere"[31] Albrecht von Haller folgt ihm darin nicht, sondern bleibt dabei, dass diese Pflanze ein monstroses Gewächs sei.[32] Hingegen ordnet sie Antoine-Laurent de Jussieu bei der Familie der Scrophulariae, einer Untergruppe der Lippenblütenartigen, ein, er nimmt sie als eigene Art, aber in derselben Pflanzenfamilie.[33] Sie steht bei ihm bei den Antirrhina.[34]

Noch vor Goethes erster öffentlicher Äußerung über die Monstrosen meldeten bereits zwei Züricher Botaniker, Johann Jacob Römer und Paul Usteri, Zweifel an der Berechtigung von Linnés Ausschluss dieser Gewächse aus der Botanik an. 1787, neun Jahre nach Linnés Tod, gaben sie das erste Stück ihres ‚Magazins der Botanik' heraus, darin die kurze Abhandlung ‚Von einigen monströsen Pflanzen'.[35] Unter Heranziehung einer von Johannes Gessner beschriebenen Pflanze und einer weiteren Pflanze aus dem Kanton Thurgau, welche die Herausgeber im Herbarium der Züricher physikalischen Gesellschaft gefunden hatten, argumentieren sie, die genaue Beschreibung solcher Monstrosen sei für die Kenntnis der Pflanzenphysiologie doch von hohem Wert und sollte der Botanik nicht gleichgültig sein. Usteri, der 1791 die ‚Genera Plantarum' von Antoine-Laurent de Jussieu mit eigenen Ergänzungen und Anmerkungen herausbrachte, hat auch Goethes Abhandlung über die Metamorphose der Pflanzen von 1790 zur Kenntnis genommen und ihrer in seinen ‚Additamenta' zu Jussieu gedacht: „De Metamorphosi Plantarum, egregie nuper Goethe V. Cl. egit, eius libri analysin uberiorem dabo." Usteri stellt also einen ausführlicheren Kommentar zu Goethes botanischem Aufsatz in Aussicht. Goethe ist diese Bemerkung nicht entgangen, und er hat bedauert, dass Usteri „wegen der nächstfolgenden stürmischen Zeiten", das meint: wegen der die Schweiz erfassenden Revolutionskriege, zu einer ausführlicheren Diskussion seiner Thesen nicht gekommen sei.[36]

Ein erstes Zeugnis für Goethes Aufmerksamkeit auf das Problem der Monstrosen ist ein Brief an Charlotte von Stein vom 12. Dezember 1785 aus Jena: „habe die Abhandlung von Hill über die Blumen gelesen, die wieder neue Blumen aus ihrer Mitte hervortreiben. Wer doch nur einen aparten Kopf für die Wis-

---

30 Wie Anm. 25, S. 4: „Ex dato charactere generico patet, ad nullum, hactenus cognitum, genus referri Peloriam nostram posse."

31 Wie Anm. 25, S. 13: „et ita novum genus constituere".

32 Vgl. Albrecht von Haller: Bibliotheca Botanica II. Hildesheim 1969, S. 247 (Nachdruck der Ausgabe Zürich 1772): „Ejusdem *Peloria* anno 1744. 4°. Monstrum plantae a Kalmio detectum: Flos Linariae in aliam tubulosam figuram degenerat, & quinque nunc stamina habet, & quinque calcaria. In variis Antirrhinis ejusmodi flores a nuperis detecti sunt."

33 Vgl. Antonii Laurentii de Jussieu: Genera Plantarum. Zürich 1791, S. 134.

34 Ebd.: „Species quaedam palato destitutae, quaedam interdum, foecundatione hybrida, corollis caustae regularibus (Peloria L.) 5-andris, basi 5-calceratis, limbo 5-labis, interea non fructiferae, sed taleis propagandae."

35 S. 55–60.

36 Usteri S. 487. Dazu WA II, 6, S. 161. Vgl. auch LA Bd. 9, S. 103.

senschafften hätte."[37] Der Seufzer am Schluss deutet auf Goethes Grundfrage nach seinem Verhältnis zur Poesie einerseits, zur Wissenschaft andererseits, und schließlich nach dem Verhältnis beider zueinander, die ihn dann von den neunziger Jahren an intensiv beschäftigen wird.[38] Mit der erwähnten Abhandlung von Hill zielt Goethe auf das Werk des englischen Botanikers John Hill (um 1716 bis 1775), das er in einer 1768 in Nürnberg erschienenen Übersetzung las: ‚Abhandlung vom Ursprunge und der Erzeugung proliferierender Pflanzen‘. Aus den Auszügen aus Hills Aufsatz, die sich in Goethes Nachlass erhalten haben,[39] ist zu entnehmen, wie Goethe Hill verstanden hat. In Italien geht er bereits auf Distanz zu Hills Deutung der Entstehung einer zweiten und dritten Blüte aus der Blütenmitte der Mutterblume. Am 3. Oktober 1787 schreibt er aus Frascati an den Freund Knebel in Weimar: „Ich habe diesen Sommer eine Nelcke gefunden aus welcher 4 andre, vollkommne Nelcken herausgewachsen waren, und aus diesen wieder andre gewachsen wären, hätte die Vegetation Trieb genug gehabt. Es ist ein höchst merckwürdiges Phenomen und meine Hypothese wird dadurch zur Gewissheit. Das Phenomen ist ganz anders als es Hill beschreibt, der von solchen Pflanzen ein Tracktätchen herausgegeben hat."[40] Goethe hat insbesondere die Genese der neuen Blütenblätter aus den Samenhülsen bezweifelt, ebensowenig vollzieht er die von Hill behauptete Bedeutung der Staubfäden für die Bildung der neuen Blüten mit. Seine eigene Erklärung steht in § 105 und § 106 seiner Abhandlung ‚Versuch die Metamorphose der Pflanzen zu erklären‘. Danach bestätigte sich im Über-sich-Hinauswachsen der Mutterblume, dass „die Natur gewöhnlich in den Blumen ihr Wachsthum schließe und gleichsam eine Summe ziehe, daß sie der Möglichkeit in's Unendliche mit einzelnen Schritten fortzugehen Einhalt thue, um durch die Ausbildung der Samen schneller zum Ziel zu gelangen."[41] Für Goethe ist für die durchgewachsenen Blüten nicht ein zweckbestimmtes partikulares Detail der ursprünglichen Blüte verursachend, vielmehr fasst er dafür die Blüte als Ganze, als „Summe" des Pflanzenwachstums ins Auge. Schon im August 1787 in Rom hatte Goethe das System der gesamten vegetativen Welt in einem Gedankenexperiment erweitert, das bereits die Vorstellung einer Urpflanze, eines Modells oder Typus aller Pflanzen in sich

---

37   WA IV, 7, S. 140.
38   Unter der umfangreichen Literatur zu dieser Thematik vgl. insbesondere Gunter Mann, Dieter Mollenhauer, Stefan Peters (Hg.): In der Mitte zwischen Natur und Subjekt. Johann Wolfgang Goethes *Versuch die Metamorphose der Pflanzen zu erklären*. Sachverhalte, Gedanken, Wirkungen. 1790–1990. Frankfurt am Main 1992 (Hg. von der Senckenbergischen Naturforschenden Gesellschaft durch Prof. Dr. Willi Ziegler). – Ferner Peter Matussek (Hg.): Goethe und die Verzeitlichung der Natur. München 1998.
39   WA II, 13, S. 179f. Vgl. auch LA Bd. 9A, S. 39ff.
40   WA IV, 8, S. 268f. – An diese Beobachtung in Italien mag Goethe noch 1817 gedacht haben, als er von „in unserm Clima nicht leicht vorkommenden Durch- und Überwüchsen" spricht. WA II, 6, S. 395f.
41   WA II, 6, S. 83. Es wäre zu erwägen, ob sich für Goethe hier eine zeitliche Dimension auftut: die Ablösung einer älteren Weise der Fortpflanzung durch eine jüngere, die durch Samen.

enthält und auch die Monstrosen in sich schließt. Es müsse, schreibt er am 18. August an Knebel, eine „Harmonia Plantarum" noch über den Genera geben: „Ich hoffe du wirst auch dereinst an meiner *Harmonia Plantarum,* wodurch das Linnäische System aufs schönste erleuchtet wird, alle Streitigkeiten über die Form der Pflanzen aufgelößt, ja sogar alle *Monstra* erklärt werden, Freude haben."[42] Ohne den Begriff der Monstrosen aufzugeben, integriert sie Goethe in sein eigenes botanisches System, und dieses System zeigt, spielerisch zwar, aber letztlich doch durchaus ernst, eine ästhetische Komponente, wie sie schon länger in anderen Bereichen der Naturwissenschaften, der Astronomie etwa, der Tonlehre und der Farbenlehre, Fuß gefasst hatte.

Allerdings bedarf die Beurteilung von Goethes Verwendung der Begriffe „monströs", „Monstrositäten" und ähnlicher der Differenzierung, je nachdem, um welche Textsorte es sich handelt, um Briefe, Tagebucheinträge oder eine wissenschaftliche Abhandlung, und um welche Epoche in seinem auf die Wissenschaft von der Botanik gerichteten Denken. Ein Aspekt seiner tastenden Überlegungen und Schlüsse aus Beobachtungen und Lektüren bleibt jedoch stets unverändert. Anders als Linné betrachtet Goethe die monstrosen Pflanzen als genau so zur Botanik gehörend wie alle übrigen Gewächse. Sicher mitverantwortlich für diese Position ist eine Beobachtung, die Goethe in Italien macht: dass die Natur nämlich aus sich selbst Monstrosen wie die durchgewachsene Nelke hervorbringt, und es dafür nicht menschlicher Künste bedarf. Aber er hält den Begriff beweglich, und nur in der streng wissenschaftlich angelegten Abhandlung ‚Versuch die Metamorphose der Pflanzen zu erklären' gibt er den Monstrosen einen Platz im systematischen Zusammenhang und schränkt dabei die Reichweite des Begriffs aufs engste ein. Dass er in diesem Aufsatz die durchgewachsene Nelke und die durchgewachsene Rose, nach Linné und Hill proliferierende Pflanzen und also Monstrosen, gerade nicht so nennt, ist bezeichnend. Der Begriff ‚Monstrosen' gehört ausschließlich der „zufälligen", nicht jedoch der „unregelmäßigen" und der „regelmäßigen" Metamorphose zu: „Vielleicht findet sich an einem andern Ort Gelegenheit, von diesen monströsen, und doch in gewisse Gränzen eingeschränkten Auswüchsen zu sprechen."[43] Die regelmäßige Metamorphose ist die, die in konsequentem Verlauf von den Keimblättern, den Cotyledonen, bis zur Blüte und Frucht führt; die unregelmäßige Metamorphose entwickelt sich mit Unterbrechungen, ja sogar Rückschritten, und an ihr werden Erscheinungen sichtbar, die Linné an den „flores pleni", den gefüllten und daher vermehrungsunfähigen Blüten festgestellt hat: „Wie sie dort [sc. in der regelmäßigen Metamorphose] mit unwiderstehlichem Trieb und kräftiger Anstrengung die Blumen bildet, und zu den Werken der Liebe rüstet, so erschlafft sie hier gleichsam, und läßt unentschlossen ihr Geschöpf in einem unentschiedenen, weichen, unsern Augen oft gefälligen, aber inner-

---

42   WA IV, 8, 251.
43   WA II, 6, 28 (§ 8). Vgl. auch LA Bd. 9, S. 24.

lich unkräftigen und unwirksamen Zustande."[44] Für Linné handelt es sich hier bereits um Monstrosen, für Goethe hingegen nicht. Einzig durch die dritte, die zufällige Metamorphose sieht er Auswüchse entstehen, die er wohl monströs nennt, aber doch „in gewisse Gränzen eingeschränkt" sieht.[45] Ähnliches gilt für die in den §§ 103 bis 106 zusammengefassten zwei Kapitel ‚Durchgewachsene Rose' und ‚Durchgewachsene Nelke'.[46] Goethe spricht hier nicht von monströs oder Monstrositäten,[47] denn beide Phänomene gehören für ihn nicht zur zufälligen, sondern zur unregelmäßigen Metamorphose. Für Linné freilich dürften beide Blumen zu den „flores proliferi" und damit zu den Monstrosen zählen.

IV

Nach dieser Abhandlung von 1790 ist das Kapitel ‚Monstrosen' für Goethe noch nicht abgeschlossen. Es begegnet ihm erneut bei der Arbeit an der Übertragung von Benvenuto Cellinis Autobiographie und verbindet ein Stilelement in der Malerei und der Goldschmiedekunst mit einer Erscheinung in der Natur. Die bei Ausgrabungen in Rom entdeckten Wandmalereien in Gebäuderesten aus der Kaiserzeit kommentiert Cellini und schlägt vor, sie nicht, wie es sich eingebürgert hatte, „Grottesken", sondern besser „Monstra" zu nennen, da sie – als Ornamente – aus verschiedenen Pflanzen- und Blattformen gebildet seien. „Auf diese Weise machte ich solche wundersam zusammengesetzte Blätter, die viel schöner als die türkischen anzusehen waren." Kurz zuvor moniert Cellini, dass an Dolchen türkischer Herkunft die Ornamente nur Blättern des Aaronstabs und „einigen ägyptischen Blümchen" nachgebildet waren.[48] Goethe wird sich noch viele Jahre mit den aus diesen antiken und frühneuzeitlichen Werken abgelei-

---

44   WA II, 6, 27 (§ 7). LA Bd. 9, ebd.
45   Vgl. ebd., S. 28.
46   Ebd., S. 80–83.
47   Anders Uwe Pörksen: Raumzeit. Goethes Zeitbegriff, abgelesen an seinen sprachlichen und zeichnerischen Naturstudien. Stuttgart 1999, S. 52 (= Akademie der Wissenschaften und der Literatur, Abhandlungen der Klasse der Literatur, Jg. 1999, Nr. 2): „Die Abweichung von der vertrauten Regel, dass die Rose in der Blüte kulminiert und endet, die Monstrosität, dass (…)", mit im übrigen überzeugenden Ausführungen zu § 103 in Bezug auf das von Goethe dargelegte Zeitverhältnis: „Das nomale Zeitgeschehen, der bekannte Rhythmus wird sichtbar, wo das Objekt nicht gehorcht, mehr noch: der Regelverstoß läßt die Regel erkennen, jenes Wachstumsgesetz der Metamorphose, das als übergänglicher Wechsel von Ausdehnung und Zusammenziehung, wie mit algebraischen Formeln' operiert (§ 101 – recte § 102) und so die Pflanze hervorbringt." Ebd. auf S. 53 eine Abbildung einer durchgewachsenen Rose. Auch Dorothea Kuhn kommentiert 1977 den § 75 des ‚Versuchs die Metamorphose der Pflanzen zu erklären', in dem Goethe von einer „Ausartung" der Nelken spricht, als Beobachtung einer „Monstrosität": beide Forscher nehmen den Begriff nicht im strikten Sinn eines Terminus technicus, sondern eher allgemeinsprachlich. Vgl. LA Bd. 9A, S. 546.
48   Vgl. WA I, 43, S. 84–86.

teten, bei Bildkünstlern der Romantik häufig zu findenden Arabesken ausein-
andersetzen. Greift hier die Monstrosen-Problematik schon über die Botanik
hinaus, so geschieht das wohl noch bedeutungsvoller in Goethes ‚Farbenlehre‘.
Bei der Analyse der chemischen Farben notiert der Forscher Goethe eine Beobachtung: monstrose Tulpen bleiben teilweise besonders lange grün, „und diese
Teile gehen sodann unmittelbar in das schönste höchste Roth über, gerade wie
es bey allen chemischen Umwendungen zu beobachten ist und bey der subjec-
tiven Forderung des Auges ebenfalls statt hat. So genau hängen die Wirkungen
der Natur zusammen.“[49] Goethes Theorie der Farben und ihre Gesetzmäßigkeiten schließen auch die Monstrosen ein, und die Aufmerksamkeit auf Gesetzmäßigkeiten bleibt ein beständiges Interesse des Naturforschers Goethe bis an sein
Lebensende.

In gelegentlichen Brief- und Tagebuchäußerungen nennt Goethe abweichende Bildungen an Pflanzen „monstros“, ohne dass man noch die Präzision der
terminologischen Verwendung in der Abhandlung von 1790 erkennen könnte.[50]
Eine Anregung zu erneuter intensiver Befassung mit den Monstrosen erfolgt
von 1814 an, als Georg Friedrich Jägers Monographie ‚Über die Mißbildungen
der Gewächse. Ein Beytrag zur Geschichte und Theorie der Mißentwicklun-
gen organischer Körper‘ in Stuttgart erschien. In diesem Werk wird zu Goethes Genugtuung seine Schrift von 1790 anerkennend herangezogen: bei der
Entstehung eines neuen Pflanzenindividuums „nimmt nun die Fortentwicklung
des neuen Individuums beynahe den selben Gang, der im Allgemeinen in einer
stetig fortschreitenden Bildung von neuen Organen bis zur Blüthe besteht, die,
wenn gleich ein Ganzes für sich, doch in dem Baue ihrer Organe wieder die
Verwandtschaft mit den übrigen Organen erkennen lässt, so daß alle gleichsam
durch Metamorphose aus einander entstanden scheinen, worüber wir Hrn. v.
Goethe eine nähere Darstellung verdanken, bei der er zugleich einzelne Mißbildungen derselben berücksichtigt hat.“[51] Jäger dürfte mit dieser Bemerkung auf
Goethes Ausführungen zur durchgewachsenen Rose und zur durchgewachsenen
Nelke zielen, Erscheinungen, die allerdings Goethe gerade nicht Missbildungen
nennt. Zwei Jahre später bezeichnet der Dichter dieses Werk von Jäger als Er-

---

49 WA II, 5.2, S. 160. Paralipomenon XXXVI zur ‚Farbenlehre‘. – Hintergrund dieser Beob-
    achtung sind die Ausführungen in der ‚Farbenlehre‘. Didaktischer Theil. Dritte Abtheilung.
    Chemische Farben, § 617 bis § 635, WA II, 1, S. 247–252. Goethe spricht dort von Farber-
    scheinungen an Pflanzen überhaupt, die sich generell über Stufen zum Rot hin steigern. Vgl.
    LA Bd. 4, S. 186–189.
50 „monstroser Pomeranzenkürbis“ an J. H. Meyer 20. September 1811 WA IV, 22, S. 164;
    „monstrose Hyazinthe“ Tagebuch 20. März 1816 WA III, 5, S. 216; „monstrose Entwicklung
    der Dattelpalme“ an Nees von Esenbeck 18. Juni 1828 WA IV, 44, S. 144. – Vgl. auch an
    Johann Sckell 4. Januar 1828, WA IV, 43, S. 229, und besonders an Georg Friedrich Jäger 15.
    November 1828 WA IV, 45, S. 55. Ferner Tagebücher vom 20., 24. und 29. April 1830 WA III,
    12, S. 228 „monstroser Palmenzweig für Herrn Professor Jäger in Stuttgart“, S. 231, S. 233
    „ein hübsches Exemplar eines monstros gewundenen Eschenzweigs“.
51 Jäger, Mißbildungen, S. 6.

mutigung bei seiner Arbeit an der zweiten Ausgabe des ‚Versuchs die Metamorphose der Pflanzen zu erklären', die 1816 in den ‚Morphologischen Heften' erschien. Er scheint nun auch in Erwägung zu ziehen, die seinerzeit angekündigte eigene Schrift über die Monstrosen in Angriff zu nehmen und dafür schon lange vorbereitete Illustrationen zu verwenden. Am 19. Juli 1816 schreibt er an den Staatsrat Christoph Friedrich Ludwig Schultz, einen der wenigen Zeitgenossen, die Goethes naturwissenschaftlichen Arbeiten Interesse entgegenbrachten: „Nun, nach genanntem Wercke [gemeint ist Jägers Buch], kann ich die uralten Kupferabdrucke monstroser Pflanzen illuminiren lassen und mit wenigen Bemerkungen mittheilen."[52] Dazu kam es dann doch nicht, aber Goethes Beschäftigung mit den Monstrosen und mit der Problematik, die mit ihnen verbunden war, hielt unvermindert bis in die spätesten Jahre an; der Brief an Jäger vom 15. November 1828 bezeugt es : „Wie ich denn auf Monstrositäten fleißig fortgesammelt, auch verschiedene Abweichungen der Pflanzen nach Art und Eigenschaft einer jeden zu beobachten gesucht, um immer klarer das Allgemeine im Besonderen zu schauen."[53] Wie überhaupt bei seinen botanischen Studien geht es Goethe auch bei den Monstrosen darum, es nicht beim Anstaunen oder allenfalls beim Beschreiben zu belassen, sondern Gesetzmäßigkeiten zu entdecken. Darüber hinaus aber wählt er mit der Wendung „das Allgemeine im Besonderen zu schauen" eine Formulierung, deren Tragweite weit über die Botanik hinausweist und schon in den neunziger Jahren in der Diskussion mit Schiller über Symbolik begegnet.

V

In den auf die Monographie von 1790 folgenden 25 Jahren tritt die Beschäftigung mit der Botanik etwas zurück, der Dichter wendet sich der vergleichenden Anatomie, aber auch der Physik, insbesondere der Optik zu. Hingegen denkt er, zumal im Austausch mit Schiller und mit dem Freund Karl Ludwig von Knebel, darüber nach, wie seine naturwissenschaftlichen Erkenntnisse, und hier vor allem die in der Botanik, für die Poesie fruchtbar gemacht werden könnten. Dabei rückt naturgemäß die alte Gattung des Lehrgedichts in das Zentrum der Überlegungen. 1792 wird ihm aus Wien ein Gedicht zugesandt, ein ‚Hymnus an Flora' von dem Linné-Schüler Karl Emil von der Lühe (1751 bis 1801),[54] den Goethe am 2. März in der von ihm gegründeten ‚Freitagsgesellschaft'[55] in Auszügen

---

52 WA IV, 27, S. 105.
53 WA IV, 45, S. 55.
54 An Flora und Ceres. Von C. Freyherrn von der Lühe. Wien 1802. Goethe lernte den Text schon
    zehn Jahre vor dem Druck kennen.
55 Zur Freitagsgesellschaft, ihrem Charakter und dem Teilnehmerkreis vgl. Goethe Handbuch
    Bd. 4.1, 1998, S. 323–325 (Beitrag von Margarete Marthaus).

vorliest. Zuhörer sind unter anderen Christoph Martin Wieland und Karl August
Böttiger. Von der Lühes Gedicht steht in der Tradition von Albrecht von Hallers
Lehrgedicht ‚Die Alpen‘, dem großen Vorbild einer beschreibenden Poesie. Es
vermittelt auf nicht ungeschickte Weise in Hexametern die Linnésche Lehre von
der Sexualität der Pflanzen, der Goethe in seiner Metamorphoseschrift aus dem
Weg gegangen war:

> Wann, von den Horen umtanzt, der Wagen des Sonnengottes
> Steilerem Pfad entrollt an dem hohen Bogen des Äthers,
> Wann in dem jungen Laube die Vögel sich alle begatten,
> Wann in den lauen Bächen sich paarend verfolgen die Fische:
> Öffnen die Blumen sich auch der allbefruchtenden Liebe;
> Bräutlich pranget im weiß- und röthlichen Kleide der Obstbaum;
> Waermende Sonnenblicke, sanft wechselnde Regenschauer
> Überweben mit tieferem Grün, mit dichteren Blumen
> Sonnigte Gipfel und duftende Wiesen, in welchen sich zahllos
> Wankende Blumen mit Blumen und Gräser mit Gräsern vermählen;
> Hymen herrschet im Hain, es neigen sich liebesehnend
> Weibliche Blüthenzweige zu männlich befruchtenden Ästen.
> Sieh, der Tannenwald raucht [sic], es öffnet die feuchte Nymphäa
> Über den Wellen den Schooss der zeugungsbefruchtenden Sonne.
> Feuerfarbener Mohn und blüthenbestäubter Weizen
> Taumeln unter einander, verwebt mit blauen Cyanen;
> Honigsuchende Bienen und laue Lüfte befördern
> Ihren geheimeren Bund, doch ohne der Arten Verwirrung.
>
> Leichter hat das süsse Geschäft der Wiedererzeugung
> Flora den Blumen gemacht, bey denen dieselbe Korolle
> In dem ambrosischen Bette, voll Honigs und stärkender Düfte,
> Mit den befruchtenden Männern die weibliche Zeugungskraft einschloss.
> Phoebus Strahl entwickelt die Kraft der Zugleichgebornen,
> Liebesehnend empfängt von den sie befruchtenden Männern,
> Die sich neigen zu ihr, die weibliche Blüthenscheide
> In den Schooss die Atome geheimnisreicher Begattung.
> Einige Blumen verschliessen Ein Paar nur der liebenden Gatten,
> Viele Männer umgeben in mehreren Blumen das Weibchen.
> Klein ist unter den Menschen die Zahl der gnügsamen Schönen,
> Die, mit dem Liebesgenuss des Einzigen innig beglückten
> Gatten zufrieden, sich nie nach fremden Umarmungen sehnen;
> Klein auch in Floras Gebiethen die Zahl Einmänniger Blumen.
> Andre Geschlechter enthalten, doch an verschiedenen Ästen,
> Staubige Männerblumen, getrennt vom weiblichen Fruchtkeim;
> Beyde Geschlechter wohnen oft in verschiedenen Pflanzen.
> Kaum erreichbar ist oft der Liebesbund der Getrennten;

Also entfaltet umsonst die weibliche, unvermählte
Palme die Blüthentrauben in schattenentbehrender Wüste;
Aber der Araber hohlte [sic], der schmachtenden Braut sich erbarmend,
Oft aus Palmenhainen befruchtende Männerblumen;
Öfter bringt ein behaartes Insekt, und auf goldgefleckten
Federn ein Colibri, gebadet im Blumenstaube,
Die befruchtende Kraft des meilenentferneten Gatten.[56]

Wie Goethe zu diesem von Wieland hoch gelobten Gedicht stand, ist nicht überliefert. Dass er Vorbehalte gegen die von Linné selbst aufgebrachte sexuelle Beschreibungssprache hatte, ist allerdings sicher. Denn in einem Ansatz zu einem ‚Zweiten Versuch der Metamorphose der Pflanzen', wie der erste auch schon von 1790, schreibt er: „Es ist hier wohl am Platze, anderer Gleichnisse zu gedenken, da man nicht sowohl die Naturreiche unter sich, sondern mit Gegenständen der übrigen Welt vergleicht, wodurch man, durch eine witzige Ausweichung, der Physiologie der drei Reiche großen Schaden thut, wie z. E. Linné die Blumenblätter Vorhänge des hochzeitlichen Bettes nennt, welches artige Gleichniß einem Poeten Ehre machen würde."[57] In den Notizen, die Goethe zu Linnés Schrift ‚Dissertatio Botanica Metamorphoses Plantarum sistens' festhält, findet sich auch die folgende: „Gefahr der Gleichnisse. Bei Linnéen selbst nur Deckmantel des unentdeckten."[58] Goethes intensiver Austausch mit Knebel in den neunziger Jahren des 18. Jahrhunderts hängt damit zusammen, dass Knebel damals an einer Übersetzung des großen Lehrgedichts von Lucrez ‚De rerum natura' arbeitet[59], und zum 18. Juni 1798 vermerkt das Tagebuch: „Abends zu Schiller, über die Möglichkeit einer Darstellung der Naturlehre durch einen Poeten."[60]

Mit dem schließlich in Schillers ‚Musenalmanach' gedruckten Lehrgedicht ‚Die Metamorphose der Pflanzen' knüpft Goethe an das antike Lehrgedicht an, wählt aber anstatt des Hexameters (wie Hesiod, Lucrez, Vergil und auch von der

---

56 Wie Anm. 54, S. 11–15.
57 WA II, 6, S. 282. Linné schreibt im ‚Systema Naturae', 6. Aufl. 1748, S. 78 von den „Nuptiae Plantarum", von „maritus" und „uxor", und von den Monoclinia heißt es: „Mariti et uxores uno eodemque thalamo gaudent." Vgl. LA Bd. 10, S. 65f.
58 WA II, 13, S. 31.
59 Die Übersetzung erschien 1821 in Leipzig.
60 WA III, 2, S. 212. Zur Möglichkeit von Lehrgedichten im Zeitalter der Klassik vgl. Karl Richter: Literatur und Naturwissenschaft. Eine Studie zur Lyrik der Aufklärung. München 1972, S. 106 und Anm. 130. Vgl. auch die Überlegungen von Dorothea Kuhn in LA Bd. 9 B (1986), S. 473–480, mit einem Kommentar zu Goethes Gedicht ‚Die Metamorphose der Pflanzen'.

Lühe) das Distichon aus Hexameter und Pentameter, das Versmaß der Elegien-Dichtung, unter die Goethe das Gedicht einreiht.[61]

Will man dieses Gedicht kontextualisieren, so bietet sich natürlich zuerst die Abhandlung ‚Versuch die Metamorphose der Pflanzen zu erklären' an. In der Tat entsprechen deren Stoff und seine Durchführung den Versen 9 bis 62 des Gedichts, das im Ganzen 80 Verse umfasst. Zunächst entwirft der Dichter eine Sprechsituation, die man als eine Steigerung der von Rousseau in den ‚Lettres élémentaires sur la Botanique' entworfenen deuten kann. Hatte der Genfer seine Ausführungen an die Freundin Madeleine Delessert-Boy de la Tour gerichtet, oder, wie Goethe am 16. Juni 1782 an seinen Herzog schreibt, „ganz allerliebste Briefe über die Botanick, worin er diese Wissenschaft auf das fasslichste und zierlichste einer Dame vorträgt. (…) Ich nehme daher den Anlass, das schöne Reich der Blumen meinen schönen Freundinnen aufs neue zu empfehlen,"[62] so richtet sich das Lehrgedicht ‚Die Metamorphose der Pflanzen' an die Geliebte, die, ähnlich wie Goethe selbst im Botanischen Garten von Palermo[63], von der Diversität der Pflanzenwelt verwirrt ist. Nach leisen Andeutungen im Text zuvor bezeugen die Verse von 63 bis zum Schluss, dass die Metamorphose im vegetabilischen Reich nur Ausschnitt aus einem umfassenderen Vorgang ist, die Pflanzenmetamorphose ist eingebettet in das gestaltbildende Wesen der gesamten Natur.[64] Goethe war fasziniert von der von Jan Swamerdam (1637 bis 1680) aufgedeckten und von Linné übernommenen Metamorphose der Insekten, insbesondere der Schmetterlinge,[65] sie vertreten in Goethes Gedicht denn auch das Reich der Tiere: „Aber entzifferst du hier der Göttin heilige Lettern,/ Überall siehst du sie dann, auch in verändertem Zug./ Kriechend zaudre die Raupe, der Schmetterling eile geschäftig",[66] um sodann die Reihe mit dem Menschen zu

---

61 Musen-Almanach für das Jahr 1799, hg. von Schiller. Vgl. Johann Wolfgang Goethe: Gedichte 1756–1799. Hg. von Karl Eibl. Frankfurt am Main 1987, S. 639–641 mit Kommentar S. 1208f. In Eibls Edition der Gedichte Goethes ist der Text aus guten Gründen zweimal enthalten. Ich folge der seit 1800 in den Goethe-Ausgaben gültigen Version, hier in: Johann Wolfgang Goethe: Gedichte 1800–1832. Hg. von Karl Eibl. Frankfurt am Main 1988, S. 495–498, Kommentar S. 1087–1089. – Linné selbst war nicht unbelesen in der klassischen lateinischen Literatur. Gelegentlich zitiert er einige Verse aus Vergils ‚Georgica', vgl. Philosophia Botanica, S. 247 – Verse 197–200 aus dem Ersten Buch, in seiner Abhandlung über die Metamorphose macht er sich ein wenig lustig über Ovids Auffassungen in seinen ‚Metamorphosen': „Qui naturam insectorum scrutati sunt, invenerunt quod, sic dicta, metamorphosis in insectis, proprie non sit, transubstantatio, qualem Ovidius sibi representavit (…)." Wie Anm. 18, S. 10.
62 WA IV, 5, S. 347f.
63 Italienische Reise. Palermo 17. April 1787. WA I, 31, S. 147f.
64 Zu Goethes morphologischen Gedanken und Untersuchungen vgl. neben den Arbeiten von Dorothea Kuhn auch meinen Versuch ‚Vom Buch der Natur zum Biotop. Texte und Tiere beim jungen Goethe' In: Peter Janich (Hg.), Der Mensch und seine Tiere. Mensch-Tier-Verhältnisse im Spiegel der Wissenschaften. Stuttgart 2014, S. 155–174.
65 In seinen Notizen zu Linnés Metamorphosenschrift. LA Bd. 9 A, 1977, S. 110: „Flores ad herbam ut papilio ad larvam".
66 Wie Anm. 61, S. 497.

schließen: „Denke, wie mannigfach bald die, bald jene Gestalten,/ Still entfaltend, Natur unsern Gefühlen geliehn!/ Freue dich auch des heutigen Tags! Die heilige Liebe/ Strebt zu der höchsten Frucht gleicher Gesinnungen auf,/ Gleicher Ansicht der Dinge, damit in harmonischem Anschaun/ Sich verbinde das Paar, finde die höhere Welt."[67] Hier verlässt Goethe die drei Reiche der Natur, eine Transzendierung, der hier nicht weiter nachgegangen werden kann.

Die Jahre von 1790 an befasst sich Goethe noch von einer anderen Seite mit der Pflanzenkunde. Die Universität Jena verfügte schon seit dem 16. Jahrhundert über einen Heilpflanzengarten unter der Regie der medizinischen Fakultät. 1776 kamen erste Bemühungen hinzu, einen von der Universität institutionell unabhängigen Botanischen Garten anzulegen. Man verwendete die Linnésche Taxonomie, folgte aber in der Anordnung der Pflanzen dem natürlichen System nach Verwandtschaftsbeziehungen der Gewächse. Goethe arbeitet hier eng mit dem Professor der Botanik August Johann Georg Carl Batsch zusammen, der ihn auch beim ‚Versuch die Metamorphose der Pflanzen zu erklären‘ unterstützt hat. Mit Batsch verbinden Goethe erste Zweifel an Linnés Verfahren, die Pflanzen nach Merkmalen in der Ausbildung der Geschlechtsorgane zu gliedern. Erheblich verstärkt werden diese Zweifel durch Franz Joseph Schelver, der nach dem Tode von Batsch 1802 die Leitung des Botanischen Gartens übernimmt und sie bis 1806 fortführt. Dann wechselt er, ein Opfer der nach der preußischen und auch Weimarischen Niederlage bei Jena und Auerstädt erlittenen Ausplünderung durch Soldaten, nach Heidelberg. Hier in Heidelberg fasst er 1812 seine Thesen zur Geschlechtlichkeit der Pflanzen zusammen.[68] Schelver problematisiert verschiedene Versuchsreihen zur künstlichen Befruchtung von Pflanzen und Theorien zur Bestäubung durch Wind und durch Insekten. Für Goethe wurde er durch zwei Themenkomplexe interessant. Da er selbst für seine Metamorphosenlehre von einer „inneren Identität"[69] aller Pflanzenteile ausgeht, kommt es ihm entgegen, dass Schelver Linnés These von den zwei Geschlechtern der Pflanzen aufgibt. Hinzu kommt ein moralisch-didaktisches Argument: „Diese neue Verstäubungslehre", schreibt Goethe mit Bezug auf den Ansatz zu einer nicht zielgerichteten Befruchtung, „wäre nun bei'm Vortrag gegen junge Personen und Frauen höchst willkommen und schicklich: denn der persönlich Lehrende war bisher durchaus in großer Verlegenheit. Wenn sodann auch solche unschuldige Seelen, um durch eigenes Studium weiter zu kommen, botanische Lehrbücher in die Hand nahmen, so konnten sie nicht verbergen, daß ihr sittliches Gefühl beleidigt sei; die ewigen Hochzeiten, die man nicht los wird, wobei die Monogamie, auf welche Sitte, Gesetz und Religion gegründet sind, ganz in eine vage Lüsternheit sich auflös't, bleiben dem reinen Menschensinne völlig unerträglich."[70] Diese Kritik begleitet Linné von Beginn an, zu nennen wäre

---

67 Ebd., S. 497f.
68 Kritik der Lehre von den Geschlechtern der Pflanzen. Heidelberg 1812.
69 WA II, 6, S. 60 (§67). Vgl. LA Bd. 9, S. 42.
70 Ebd., S. 194. Vgl. LA Bd. 9, S. 214f.

insbesondere der Petersburger Botaniker Johann Georg Siegesbeck (1686 bis 1755). Linné rächte sich an ihm, indem er eine recht unscheinbare Pflanzengattung mit dem Namen Siegesbeckia belegte. Auch Goethe konnte sich zumindest bis 1798 der Linnéschen Sexualmetaphorik nicht ganz entziehen, sie dringt auf dem Wege der Anthropomorphismen in das Gedicht ‚Die Metamorphose der Pflanzen' ein:

> Also prangt die Natur in hoher voller Erscheinung,
> Und sie zeiget gereiht Glieder an Glieder gestuft.
> Immer staunst du auf's Neue, sobald sich am Stengel die Blume
> Über dem schlanken Gerüst wechselnder Blätter bewegt.
> Aber die Herrlichkeit wird des neuen Schaffens Verkündung;
> Ja, das farbige Blatt fühlet die göttliche Hand,
> Und zusammen zieht es sich schnell, die zärtesten Formen,
> Zwiefach streben sie vor, sich zu vereinen bestimmt.
> Traulich stehen sie nun, die holden Paare, beisammen,
> Zahlreich ordnen sie sich um den geweihten Altar.
> Hymen schwebet herbei, und herrliche Düfte, gewaltig,
> Strömen süßen Geruch, Alles belebend, umher.[71]

Zweifellos hat Goethe hier einen Sexualvorgang vor Augen, er verwendet Hochzeitsbilder, und der „geweihte Altar" ist Metapher für den Stempel. Hymen ist, wie bekannt, in der griechischen Mythologie der Gott der ehelichen Verbindungen.

Ich hatte oben ausgeführt, dass Goethe in seiner Abhandlung über die Metamorphose der Pflanzen Begriffe wie monstros oder Monstrosität der zufälligen, etwa durch Insekten bewirkten Metamorphose vorbehält. Ein Vierteljahrhundert später, im September 1817, kommt er erneut auf die Monstrosen zu sprechen und verwendet den Begriff womöglich noch restriktiver. Er schreibt: „Im Pflanzenreiche nennt man zwar das Normale in seiner Vollständigkeit mit Recht ein Gesundes, ein physiologisch Reines; aber das Abnorme ist nicht gleich als krank, oder pathologisch zu betrachten. Nur allenfalls das Monstrose könnte man auf diese Seite zählen. Daher ist es in vielen Fällen nicht wohl gethan, daß man von Fehlern spricht, so wie auch das Wort M a n g e l andeutet es gehe hier etwas ab: denn es kann ja auch ein Zuviel vorhanden sein, oder eine Ausbildung ohne, oder gegen das Gleichgewicht. Auch die Worte Mißentwicklung, Mißbildung, Verkrüppelung, Verkümmerung sollte man mit Vorsicht brauchen, weil in diesem Reiche die Natur, zwar mit höchster Freiheit wirkend, sich doch von ihren Grundgesetzen nicht entfernen kann. – Die Natur bildet normal, wenn sie unzähligen Einzelnheiten die Regel gibt, sie bestimmt und bedingt; abnorm aber sind die Erscheinungen, wenn die Einzelnheiten obsiegen und auf eine

---

71   Wie Anm. 61, S. 497 (Verse 45–56).

willkürliche, ja zufällig scheinende Weise sich hervorthun. Weil aber beides nah zusammen verwandt und, sowohl das Geregelte als Regellose, von Einem Geiste belebt ist, so entsteht ein Schwanken zwischen Normalem und Abnormen, weil immer Bildung und Umbildung wechselt, so daß das Abnorme normal und das Normale abnorm zu werden scheint. (…) Alle gefüllte Blumen rechnen wir zu den abnormen und es ist wohl einiger Aufmerksamket werth, daß dergleichen Blumen sowohl für's Auge an Schönheit, als für den Geruch an Stärke und Lieblichkeit zunehmen. Die Natur überschreitet die Gränze, die sie sich selbst gesetzt hat, aber sie erreicht dadurch eine andere Vollkommenheit, deßwegen wir wohlthun uns hier so spät als möglich negativer Ausdrücke zu bedienen."[72] Wie auch an anderer Stelle hat Goethe gegenüber Linné die Tendenz, starre Grenzen oder gar Ausschließungen im Bereich der Natur infrage zu stellen. Am Ende dieses Abschnitts fasst der Dichter und Naturwissenschaftler noch einmal zusammen: „Wie wichtig alle diese Betrachtung sei, überzeugen wir uns wiederholt zum Schlusse, wenn wir noch einmal dahin zurück schauen, wo Familien von Familien sich sondern: denn auch da berührt sich Bildung und Mißbildung schon. Wer könnte uns verargen, wenn wir O r c h i d e e n monstrose L i l i a c e e n nennen wollten?"[73]

VI

Außer den bisher erörterten Differenzpunkten zu Linné gibt es einen weiteren, den ich wenigstens kurz berühren möchte. Diese Differenz wäre es wert, in einer eigenen Studie behandelt zu werden. Ich spreche von der bei der Feststellung des Gegensatzes von Wissenschaftssprache und Dichtungssprache erwähnten Unterscheidung von wissenschaftsadäquater Illustration und Bildkunst. Seit früher Jugend waren Goethe Werke der Blumenmalerei vertraut, und 1817 schreibt der Dichter einen Essay, der sich ausschließlich dieser Sparte der Malerei widmet. Goethe richtet hier alles Licht auf deren Entwicklung seit der Wende vom 17. zum 18. Jahrhundert. Erstmals im Zusammenhang mit Maria Sibylla Merian (1647 bis 1717) wird das Verhältnis von Kunst und Wissenschaft in der Pflanzenmalerei thematisiert; allerdings sei die Künstlerin noch eine Einzelgängerin, wenn sie sich „zwischen Kunst und Wissenschaft, zwischen Naturbeschauung und mahlerischen Zwecken hin und her bewegte"[74]; die große Menge der Künstler fügt sich den Anforderungen der Auftraggeber,

---

72 WA II, 6, S. 173f. – Nicht nur durch die Rede vom Gleichgewicht erweist sich an dieser Stelle, wie sehr Goethes Botanik und sein klassizistisches Kunstverständnis aneinander anschlussfähig sind.
73 Ebd., S. 186.
74 WA I, 49.1, S. 379f.

zumeist blumenliebende reiche holländische Handelsherren, denen es nicht auf Genauigkeit, sondern auf ‚ästhetischen Glanz' ankommt.[75]

Durch das Aufblühen der Botanik als selbständiger Wissenschaft sehen sich die Blumenmaler neuen Anforderungen gegenüber, und die holländische Tradition droht ins Abseits zu geraten. In dem „Gesetzgeber" Carl von Linné[76] erwächst der Kunst ein machtvoller Herausforderer: er gab „der Sprache Gewandtheit, Festigkeit, Bestimmungsfähigkeit", „um sich an die Stelle des Bildes zu setzen", und eine Reihe von Künstlern studiert nun Botanik, um einem neuen Bemühen um Genauigkeit gerecht zu werden. Zugleich aber, so Goethe, muss der Maler „denselben innern Sinn, den unsere großen niederländischen Blumenmaler besessen"[77], entwickeln, um auch das, was die Kunst verlangt, zu erfüllen. Goethe präzisiert, was er von einem Blumenstillleben erwartet: „dass [der Künstler] seine Blumen nach Form und Farbe glücklich zusammenstelle, seine Gruppen gegen das Licht zu erhöhe, gegen die Seiten schattend und halbschattig abrunde, die Blüthen erst in voller Ansicht, sodann von der Seite, auch nach dem Hintergrund zu fliehend sehen lasse."[78]

In Absetzung von Linnés sprachlicher Vergegenwärtigung der Pflanzen stellt Goethe fest, dass der Mensch das Bedürfnis habe, „die Gestalt mit Einem Blick zu übersehen, lieber als sie in der Einbildungskraft erst aus vielen Worten aufzuerbauen."[79] Das berührt die Fragestellung, die Gotthold Ephraim Lessing in seiner kunsttheoretischen Schrift ‚Laokoon' abhandelt, und an Albrecht von Hallers Beschreibung des Enzians demonstriert, dass die Malerei in der Simultaneität – Goethes „mit Einem Blick" – dem Nacheinander in der sprachlichen Repräsentation überlegen ist.[80]

---

75 Den hier angesprochenen Gegensatz greift auch von der Lühe in seinem Gedicht ‚An Flora' auf: „Sey mir gegrüsset, du mütterlich Land! im Feyergesange,/ Wo mich die Blume des Feldes, als Knaben, schon mehr entzückte,/ Als Hyacinthenprunk und eitle Tulpen-Aesthetik,/ Blüthen ohne Frucht, des batavischen Kraemers Erfindung." An Flora und Ceres. Von C. Freyherrn von der Lühe. Wien 1802, S. 33. Von der Lühes Heimatland, sein „mütterlich Land", waren Norddeutschland und Dänemark; Linné, sein Lehrer, stammte bekanntlich aus Schweden.

76 Wie Anm. 74, S. 381.

77 Ebd., S. 383.

78 Ebd.

79 Ebd., S. 381.

80 Vgl. Gotthold Ephraim Lessing: Werke. Sechster Band. Kunsttheoretische und kunsthistorische Schriften. Bearbeitet von Albert von Schirnding. München 1974, S. 110ff. – Hingegen geht es hier nicht um die Sprechakt/Bildakt-Problematik, wie sie Horst Bredekamp und Jürgen Trabant entfalten, denn hier haben wir es mit Sprachereignissen zu tun, die Sachverhalte beschreiben, aber nicht durch eine definierbare Intentionalität gekennzeichnet sind. Vgl. Horst Bredekamp: Der Bildakt. Frankfurter Adorno-Vorlesungen 2007. Neufassung 2015. Berlin 2015; Jürgen Trabant: Nacquero esse gemelle. Über die Zwillingsgeburt von Bild und Sprache. In: Et in imagine ego. Facetten von Bildakt und Verkörperung. Festgabe für Horst Bredekamp. Hg. von Ulrike Feist und Markus Rath. Berlin 2012, S. 77–92.

Für Linné stellt sich die Problematik anders dar. Es gibt keinerlei Hinweis, dass er sich während seiner Jahre in Holland oder später im Geringsten für die holländische Blumenmalerei interessiert hätte. Allerdings hat er seit 1736 einen genialen Illustrator an seiner Seite, Georg Dionysius Ehret (1708 bis 1770). Ehret schuf 1736 eine kolorierte Tafel ‚Clariss. Linnaei. M. D. Methodus Plantarum sexualis in Sistemate Naturae descripta‘, die Linné vor die ersten Auflagen seiner ‚Genera Plantarum‘ setzt, auch vor die vierte von 1752, die Goethe benutzt. Der vollständige Titel des Werks bezeichnet zunächst, was der Leser zu erwarten hat: ‚Genera plantarum eorumque characteres naturales secundum numerum, figuram, situm, et proportionem omnium fructificationis partium‘; in der Einleitung oder, wie Linné schreibt, der ‚ratio operis‘ heißt es in Bezug auf Abbildungen:

„*Abbildungen* empfehle ich nicht, um Gattungen zu bestimmen, vielmehr verwerfe ich sie ganz und gar, d. h. ich gebe zu, dass sie vielleicht für Knaben willkommen sind und für Menschen, die mehr Kopf als Hirn haben, ich gebe zu, dass sie für Ungelehrte etwas Beeindruckendes haben. Bevor bei den Menschen die Buchstaben in Gebrauch kamen, mußte man alles in Bildern ausdrücken, da ein Laut aus dem Munde keinen Bestand haben konnte, dass aber, nachdem die Buchstaben erfunden waren, ein leichter und sicherer Weg gegeben war, Ideen schriftlich mitzuteilen. Ehe die Buchstaben entdeckt waren, boten auch in der Botanik Abbildungen das beste Hilfsmittel; als es dann aber die Buchstaben gab, ließ sich der Weg verkürzen; wir haben 26 Buchstaben, mit denen wir unsere Ideen aufschreiben.

α. Wer kann denn jemals von Abbildungen ein sicheres Argument ableiten? Von geschriebenen Wörtern aber kann man es sehr leicht.

β. Wenn ich das Kennzeichen irgend einer Gattung in irgend einem Werk zum Gebrauch herausziehe und überdenke, kann ich nicht stets bequem eine Abbildung zeichnen, einritzen, drucken und ausdrücken, eine Beschreibung aber sehr leicht verfertigen.

ϒ. Wenn in ein und derselben Gattung, wie es oft der Fall ist, die Teile sich unterscheiden oder unter sich verschiedene Arten nach Anzahl oder Gestalt, bin ich gleichwohl gehalten, die Lage und das Verhältnis der Teile zueinander wiederzugeben. Angenommen, es gibt 50 Arten und ebenso viele, die sich voncinander unterscheiden, dann muss ich ebenso viele Abbildungen liefern; wer kann aus dieser Vielzahl irgend eine Gewissheit herauslesen? Aber in einer Beschreibung schweigen die differierenden Teile; die Mühe, übereinstimmende Teile zu beschreiben, ist viel geringer, und das Verständnis ist sehr leicht.

Mit Wörtern also werden wir versuchen, alles Bemerkte gleich deutlich, wenn nicht deutlicher auszudrücken als andere mit ihren glänzendsten Abbildungen. Auf diesem Wege begann unter den ersten der *unvergleichliche* Boerhaave allein, und niemand hat versucht, auf diesem Wege weiterzugehen, so weit er auch offen stand; wunderliches Begreifen der Menschen! Wunderliche Augen, die in der Mittagssonne blind sind."[81]

Mit einigen anderen Akzenten ist der Abschnitt ‚Icones' in Linnés ‚Philosophia botanica'[82] versehen. Der Verfasser versagt sich die polemischen Untertöne und gibt knappe und ausgewogene Informationen. Die älteren Abbildungen, schreibt er, hätten weder die Größenverhältnisse noch die Standorte der Pflanzen berücksichtigt, gekrümmte und kriechende Gewächse hätten sie aufgerichtet wiedergegeben. Als Muster, bei denen solche Fehler vermieden seien, verweist er auf Tafeln von Ehret.

Goethes Haltung in der Frage der Abbildungen betrifft unter anderem das darzustellende Detail. In der ‚Philosophia botanica' schreibt Linné: „Die besten Abbildungen bieten sämtliche Teile der Pflanze, auch die kleinsten in den fruchttreibenden Organen dar – in den kleinsten Teilen namentlich der fruchttreibenden Organe verbergen sich die meisten und wichtigsten Unterscheidungsmerkmale, die eine Art von anderen Arten abheben. – Härchen, Drüsen, Stengel, Staubfäden und Stempel, die in den Abbildungen der Älteren unterdrückt sind, dürfen bei einer Abbildung niemals übergangen werden, wenn diese etwas taugen soll."[83]

---

81   „*Icones* pro determinandis generibus non commendo, sed absolute rejicio, licet fateor has magis gratas esse pueris, iisque qui plus habent capitis quam cerebri, fateor has idiotis aliquid imponere. Antequam litterarum mortalibus innotuit usus, necessarium fuit omnia picturis exprimere, ubi oris sonus praesens esse non potuit, et inventis his facilior certiorque datur via communicandi ideas scriptis. Sic etiam in Botanicis ante detectas litteras figurae hae auxilium praebuere summum, at datis his compendiosiori itur via, nobis sunt litterae viginti sex, quibus scribamus nostras ideas.
α. Ab icone enim quis potest unquam aliquid argumentum firmum desumere, sed a verbis scriptis facillime.
β. Si generis cuiusdam characterem in opere aliquo in usum traherem recenseremque, non possum semper commode iconem depingere, incidere, imprimere exprimereque, at descriptionem facillime.
γ. Si in eodem genere, ut in plurimis, different partes, uti numero vel figura inter se distinctis speciebus, tenerer tamen tradere partium situm & proportionem. Non possum haec ullo modo exprimere icone, nisi totidem darem figuras. Si itaque 50 essent species, & totidem differentes, totidemque deberem tradere picturas, quis ex hisce tam multis ullam certitudinem elicere posset; at in descriptione differentes partes silere, convenientes describere facilior longe est labor, intellectuque facillimum.
Verbis itaque tentabimus omnes exprimere notas aeque clare, si non clarius, ac alii splendissimis suis iconibus. Huic viae institit primis *incomparabilis* Boerhaavius solus; ea autem incedere cum eo via, quam patefecit, tentavit nemo; miri hominum conceptus! miri oculi sole meridiano caecutientes!" Caroli Linnaei Genera plantarum, 4. Aufl. Halle 1752, S. VIIIf.

82   Stockholm 1751, S. 263.

83   Ebd., S. 267: „Icones optimae omnes plantae partes, licet minimas etiam fructificationis, exhibeant. - Minimis in partibus, praesertim Fructificationis, latent numerosissimae, et praestantissimae Differentiae, quae Speciem maxime distinguunt. – Pili, Glandulae, Stipulae, Stamina et Pistilla, in veterum figuris exclusa, nunquam in Icone ommittenda, si evadet digna."

Goethe hat sich schon 1770 gegen das ‚Anatomiren' von Blumen gewandt.[84] Später schreibt er, rückblickend auf die Zeit, in der er sich systematisch in die Botanik einarbeitet: „Trennen und Zählen lag nicht in meiner Natur."[85] Trennen und Zählen gehören allerdings zu den Grundoperationen der Linnéschen Verfahren. Und noch am Ende seines Lebens, am 27. März 1831, bemerkt er gegenüber Eckermann: „Ein großer Blumenmaler ist gar nicht mehr denkbar; es wird jetzt zu große wissenschaftliche Wahrheit verlangt, und der Botaniker zählt dem Künstler die Staubfäden nach, während er für malerische Gruppierung und Beleuchtung kein Auge hat."[86]

Dennoch findet Goethe schließlich ein botanisches Werk, in dem nach seinem Urteil die Illustrationen die Ansprüche sowohl der Kunst als auch der Wissenschaft erfüllen. Es sind die Illustrationen von Ferdinand Lucas Bauer (1760 bis 1826) zu A. B. Lamberts Werk ‚Description of the Genus Pinus', das 1803 erscheint – nach Goethe ein „Musterwerk".[87] Bauers Zeichnungen zu den Kieferngewächsen ragen durch eine ungemein subtile Behandlung der Farben, des Lichts und der Schatten hervor. Seine Kunst vermag „mit einem Hauch, mit einem Garnichts nachzuhelfen, daß die Körper sich runden"[88], und sie ermöglicht es, sowohl „das Bestimmte" festzuhalten als auch „diese Abgesondertheiten" zu vereinen und „das Schwebende zu fassen."[89] Damit kommt er dem, was Goethe „die Versatilität der Organe" nennt, sehr nahe.[90] Der botanisch Gelehrte, wenn er zugleich ein wahrer Künstler ist, weiß dann nicht nur über Gattungen, Arten und Varietäten Auskunft zu geben, er bringt es darüber hinaus so weit, dass „ihn nichts irrt was werden kann."[91]

In diesem unscheinbaren Teilsatz liegt eigentlich die Pointe dieses Abschnitts über Bauer. Er führt nämlich Goethes Metamorphosentheorie und die Kunsttheorie zusammen. Was kann es überhaupt sein, „was werden kann"? Vom ‚Versuch die Metamorphose der Pflanzen zu erklären' her gesehen, zielt er auf die äußerst konsequente Entwicklung der einjährigen Blütenpflanzen, deren Grundgedanke sich schon in der ‚Italienischen Reise' findet, und zwar im Brief an Herder vom 17. Mai 1787: „Ferner muss ich dir vertrauen, daß ich dem Geheimniß der Pflanzenzeugung und Organisation ganz nahe bin, und daß es das Einfachste ist, was nur gedacht werden kann. (…) Mit diesem Modell und dem Schlüssel dazu kann man alsdann noch Pflanzen in's Unendliche erfinden,

---

84 In einem Brief aus Strassburg. In: Hanna Fischer-Lamberg (Hg.): Der junge Goethe. Bd. 2, Berlin 1963, S. 8. An Hetzler den Jüngeren, 14. Juli 1770: „lassen Sie mir die Freudenfeindliche Erfahrungssucht, die Sommervögel tödtet und Blumen anatomirt, alten oder kalten Leuten."

85 WA II, 6, S. 107. Vgl. LA Bd. 10, S. 325.

86 Goethes Gespräche mit Eckermann. Leipzig 1921, S. 621.

87 Wie Anm. 74, S. 382.

88 Ebd.

89 Ebd., S. 383.

90 WA II, 6, S. 116.

91 Wie Anm.74, S. 383.

die consequent sein müssen, das heißt: die, wenn sie auch nicht existiren, doch existiren könnten und nicht etwa mahlerische oder dichterische Schatten und Scheine sind, sondern eine innere Wahrheit und Nothwendigkeit haben."[92] Der Augenblick, den die Pflanze in ihrer Entwicklung erreicht hat, bedingt notwendig den nächsten, zugespitzt gesagt, er antizipiert ihn bereits.

Der kunsttheoretische Diskurs, der in Lessings Schrift ‚Laokoon oder über die Grenzen der Malerei und Poesie' von 1766 kodifiziert ist, gehört zu den Fundamenten auch der Goetheschen Kunsttheorie. Der richtige Augenblick, den der Blumenmaler zu ergreifen hat und den Ferdinand Lucas Bauer richtig ergriffen hat, lässt sich mit Lessing so formulieren: „Kann der Künstler von der immer veränderlichen Natur nie mehr als einen einzigen Augenblick, und der Maler insbesondere diesen einzigen Augenblick auch nur aus einem einzigen Gesichtspunkte brauchen; sind aber ihre Werke gemacht, nicht bloß erblickt, sondern betrachtet zu werden, lange und wiederholter maßen betrachtet zu werden: so ist es gewiß, daß jener einzige Augenblick und einzige Gesichtspunkt dieses einzigen Augenblickes, nicht fruchtbar genug gewählt werden kann. Dasjenige aber nur allein ist fruchtbar, was der Einbildungskraft freies Spiel läßt. Je mehr wir sehen, desto mehr müssen wir hinzu denken können."[93] Damit sind kunsttheoretische und wissenschaftliche Perspektive, malerische Gestaltung und Erkenntnisweg in Übereinstimmung gebracht, und daran war Goethe, anders als Linné, vorrangig gelegen.

In einer jüngeren biographisch-psychologischen Reflexion über das Zusammenspiel von Dichtkunst und Wissenschaft bei Goethe von 1780 an wird festgestellt, Goethes Beschäftigung mit verschiedenen Wissenschaften, ausgenommen allenfalls in der in der ‚Farbenlehre' zusammengefassten Optik, seien Zerstreuungen gewesen und er habe weder zur Botanik, noch zur Geologie und Mineralogie, noch zu anderen Disziplinen fachlich etwas Wesentliches beigetragen.[94] Das zu beurteilen, bin ich in den genannten Fächern nicht kundig genug. Allerdings haben angesehene Gelehrte zu Goethes Lebzeiten wie der Züricher Paul Usteri oder der Genfer Augustin-Pyrame de Candolle die Bemühungen des Weimarers in der Pflanzenkunde anerkannt. 1818 wurde er auf Grund seiner botanischen Schriften zum Mitglied der Leopoldina berufen. Goethe selbst hätte es nicht betroffen gemacht, wenn man ihn in der Botanik einen Dilettanten genannt hätte. In seiner Würdigung des Botanikers Rousseau nennt er nicht nur diesen, sondern auch sich selbst einen Dilettanten: „Und so wie die jungen Studirenden sich auch am liebsten an junge Lehrer halten, so mag der Dilettant gern vom Dilettanten lernen. Dieses wäre freilich in Absicht auf Gründlichkeit

---

92 WA I, 31, S. 239f.
93 Gotthold Ephraim Lessing: Werke. Sechster Band. Kunsttheoretische und kunsthistorische Schriften. In Zusammenarbeit mit Karl Eibl, Helmut Göbel, Karl S. Guthke, Gerd Hillen, Albert von Schirnding und Jörg Schönert, hg. von Herbert G. Göpfert. München 1974, S. 25f.
94 Nicholas Boyle: Goethe. Der Dichter in seiner Zeit. Bd. 1, 1749–1790. Aus dem Englischen übersetzt von Holger Fliessbach. München 1995, S. 323ff.

bedenklich, wenn nicht die Erfahrung gäbe, daß Dilettanten zum Vortheil der Wissenschaft vieles beitragen."[95] Nun, das mag man anders sehen, aber Goethe stand mit dieser Meinung im 18. Jahrhundert nicht allein. Der hochgelehrte Bernard de Jussieu, Leiter des Jardin du Roy in Paris, hat ähnlich gedacht und darum den Dilettanten Rousseau eingeladen, an seinen Pflanzenexkursionen teilzunehmen.

95   WA II, 6, S. 114. Vgl. LA Bd. 10, S. 329.

SITZUNGSBERICHTE

der Wissenschaftlichen Gesellschaft an der Goethe-Universität Frankfurt a.M.

Band XXXI,1 KLAUS REICHERT
„Zeit ist's"
Die Bibelübersetzung von Franz Rosenzweig und Martin Buber
im Kontext
1993. 33 Seiten, brosch.

Band XXXI,2 WERNER SCHRÖDER
Text und Interpretation V
Über die Liebe der Getrennten im „Tristan" Gottfrieds von
1993. 38 Seiten, brosch.

Band XXXI,3 JOST BENEDUM
**Die Therapie rheumatischer Erkrankungen im Wandel
der Zeit**
1994. 71 Seiten m. 50 Abb. (davon 3 farbig), brosch.

Band XXXI,4 HARALD PATZER
Sprache und Dichtung im homerischen Epos
1994. 23 Seiten, brosch.

Band XXXI,5 PAUL GERHARD SCHMIDT
Probleme der Schreiber – Der Schreiber als Problem
1994. 18 Seiten, brosch.

Band XXXI,6 FRIEDRICH BECKER
**Ursachen und Folgen der Selbstbeschleunigung chemischer
Reaktionen**
1994. 51 Seiten m. 32 Abb., brosch.

Band XXXII,1 WERNER SCHRÖDER
Der Eneasroman Heinrichs von Veldeke deutsch
1994. 24 Seiten, brosch.

Band XXXII,2 WILHELM RAU
Altindisches Pfeilgift
1994. 18 Seiten, brosch.

Band XXXII,3 MICHAEL STOLLEIS
**„Junges Deutschland", jüdische Emanzipation und liberale
Staatsrechtslehre in Deutschland**
1994. 24 Seiten, brosch.

Band XXXII,4 JÜRGEN PETERSOHN
Rom und der Reichstitel „Sacrum Romanum Imperium"
1994. 35 Seiten m. 2 Abb., brosch.

Band XXXII,5 HELMUT VIEBROCK
Die Geburt des Mythos aus dem Geiste der Rebellion
William Blakes visionäre Dichtung
„Europe. A Prophecy" (1794)
1994. 38 Seiten m. 9 Abb., brosch.

Band XXXII,6 WALTER RÜEGG
Was lehrt die Geschichte der Universität?
1994. 23 Seiten, brosch.

Band XXXIII,1 WERNER SCHRÖDER
Textkritisch oder überlieferungskritisch
Zur Edition des deutschen „Lucidarius"
1995. 42 Seiten, brosch.

Band XXXIII,2 WERNER THOMAS
Zur tocharischen Syntax
Adverbiales A mak, B maka „viel"
1995. 26 Seiten, brosch.

Band XXXIII,3 HANS-WALTER GEORGII
Von der Physik zur Chemie der freien Atmosphäre
1995. 26 Seiten, brosch.

Band XXXIII,4 JOCHEN BLEICKEN
Gedanken zum Untergang der Römischen Republik
1995. 26 Seiten, brosch.

Band XXXIII,5 WERNER SCHRÖDER
Das Ambraser Mantel-Fragment
1995. 57 Seiten, brosch.

Band XXXIV,1 FRIEDRICH BECKER
Über die Natur der Wärme
Verschlungene Wege zur wissenschaftlichen Erkenntnis
1996. 42 Seiten, brosch.

Band XXXIV,2 PETER JANICH
**Was heißt und woher wissen wir, daß unser
Erfahrungsraum dreidimensional ist?**
1996. 33 Seiten, brosch.

Band XXXIV,3 WERNER SCHRÖDER
Variable Verschriftlichung eines Märe
Ein history von eim edelman vnd sinem knechte Heinrich
1996. 104 Seiten, brosch.

Band XXXIV,4 WOLFGANG NAUCKE
Kants Kritik der empirischen Rechtslehre
1996. 19 Seiten, brosch.

Band XXXIV,5 KLAUS GANZER
Michelangelo und die religiösen Bewegungen seiner Zeit
1996. 48 Seiten, brosch.

Band XXXV,1 WERNER SCHRÖDER
**Der arme Heinrich Hartmanns von Aue in der Hand von
Mären-Schreibern**
1997. 30 Seiten, brosch.

Band XXXV,2 ROLAND PRINZINGER
Betrachtungen um und in das Ei
Von der Stoffwechselembryogenese der Amsel zur
Alternsforschung beim Menschen
1997. 31 Seiten mit zahlr. Abb., brosch.

Band XXXV,3 WERNER THOMAS
Interpretationsprobleme im Tocharischen
Unflektiertes A puk, B po „ganz, all, jeder"
1997. 80 Seiten, brosch.

Band XXXV,4 PAUL GERHARD SCHMIDT
Visio Alberici
Die Jenseitswanderung des neunjährigen Alberich in der vom
Visionär um 1127 in Monte Cassino revidierten Fassung
1997. 70 Seiten, brosch.

Band XXXV,5 REINHARD BRANDT
Zu Kants politischer Philosophie
1997. 33 Seiten, brosch.

Band XXXVI,1 KLAUS LÜDERSSEN
**Die Zusammenarbeit von Medizinprodukte-Industrie,
Krankenhäusern und Ärzten – strafbare Kollusion
oder sinnvolle Kooperation?**
1998. 105 Seiten, brosch.

Band XXXVI,2 JOACHIM W. ENGELS
Gene, die uns bewegen
Von der Definition der Gene zur Sequenzierung des menschli-
chen Genoms
1998. 24 Seiten, brosch.

Band XXXVI,3 KONRAD F. FEDERLIN
**Transplantationsversuche mit isolierten Langerhansschen
Inseln in der Behandlung des Diabetes Mellitus (Typ I)**
1998. 40 Seiten, brosch.

Band XXXVI,4 HERRMANN JUNGRAITHMAYR
Das Orakel von Ife
Reflexionen über das verborgene Afrika
1998. 31 Seiten, brosch.

SITZUNGSBERICHTE

der Wissenschaftlichen Gesellschaft an der Goethe-Universität Frankfurt a.M.

FRANZ STEINER VERLAG STUTTGART

SITZUNGSBERICHTE

der Wissenschaftlichen Gesellschaft an der Goethe-Universität Frankfurt a.M.

FRANZ STEINER VERLAG STUTTGART

SITZUNGSBERICHTE

der Wissenschaftlichen Gesellschaft an der Goethe-Universität Frankfurt a.M.

Band LVII,1 ANDREAS GOLD
**Disparitäten der Lesekompetenz: Ausmaß, Genese und
Legitimation von Ungleichheiten**
2020, 29 Seiten, brosch.

Band LVII, 2 DIETER VAITL
**Ganz normale Verrückte:
Das Spektrum außergewöhnlicher Erfahrungen**
2020, 25 Seiten mit 3 Tab. und 4 Abb., brosch.

Band LVII, 3 ROLAND PRINZINGER
**Der springende Punkt: Vergleichende Physiologie und
Morphologie des Vogel-Herzens. Von Aristoteles bis zur
Xenotransplantation von Nandu-Herzen**
2020, 59 Seiten mit 45 Abb. und 4 Tab., brosch.

BAND LVII,4 GÜNTHER BINDING
**Ein Beitrag zur sachgerechten Übersetzung baubezogener
Bibelstellen unter besonderer Berücksichtigung der im
Mittelalter benutzten Vulgata**
2020, 52 Seiten, mit 3 Abb., brosch.

Band LVII,5
NACHRUFE auf
**Mario A. Cattaneo, Werner Schröder, Paul Gerhard
Schmidt, Rainer Jelitto, Rudolf Sellheim, Wolfgang
Schwarz, Hermann Müller-Karpe, Friedrich Kübler, Hans
Berckhemer, Walter Rüegg, Klaus Lüderssen, Peter Janich,
Jutta Schütt, Jürgen Petersohn, Wolfram Martini, Joachim
Engels, Konrad Federlin, Walter Georgii, Erika Simon**
2020, 92 Seiten, brosch.

BAND LVIII,1 CHRISTOPH PERELS
Zwischen Kunst und Wissenschaft. Goethe und Linné
2021, 28 Seiten, brosch.

FRANZ STEINER VERLAG STUTTGART